本书为北京市社会科学基金青年项目“京津冀协同发展评价体系与对策研究”(批准号:17GLC064)阶段性研究成果

“十二五”期间
京津冀协同发展评价体系研究

SHI ER WU QI JIAN JING JIN JI XIE TONG FA ZHAN PING JIA TI XI YAN JIU

吴 丹　曹思奇　冀晨辉 ◎ 著

河海大学出版社
HOHAI UNIVERSITY PRESS

内容提要

本书从科技创新、经济发展、社会治理、生态环境建设等视角，创新设计京津冀协同发展评价指标体系，系统阐述"十二五"期间京津冀地区的具体区情和发展现状。在此基础上，构建京津冀协同发展评价模型与方法，综合评价"十二五"期间京津冀科技创新的经济社会生态效应、京津冀科技—经济—社会—生态协调性以及京津冀协同发展效度与能力。

本书可供从事京津冀科技创新、经济发展、社会治理、生态环境建设等视角研究以及京津冀协同发展研究的专业技术人员、管理人员及科研机构与高等院校有关专业师生参考。

图书在版编目(CIP)数据

"十二五"期间京津冀协同发展评价体系研究 / 吴丹等著. — 南京 ：河海大学出版社，2018.12

ISBN 978-7-5630-5767-2

Ⅰ. ①十… Ⅱ. ①吴… Ⅲ. ①区域经济发展—协调发展—评价—研究—华北地区 Ⅳ. ①F127.2

中国版本图书馆 CIP 数据核字(2018)第 273729 号

书　　名/"十二五"期间京津冀协同发展评价体系研究
书　　号/ISBN 978-7-5630-5767-2
责任编辑/成　微
封面设计/张育智　吴晨迪
出版发行/河海大学出版社
地　　址/南京市西康路 1 号(邮编:210098)
网　　址/http://www.hhup.com
电　　话/(025)83737852(总编室)　(025)83787769(编辑室)　(025)83722833(营销部)
经　　销/江苏省新华发行集团有限公司
排　　版/南京布克文化发展有限公司
印　　刷/虎彩印艺股份有限公司
开　　本/787 毫米×1092 毫米　1/16
印　　张/9.5
字　　数/169 千字
版　　次/2018 年 12 月第 1 版
印　　次/2018 年 12 月第 1 次印刷
定　　价/39.80 元

前　言

本书以京津冀地区为研究对象，以京津冀协同发展评价为研究主线。本书共分为 4 个篇章，共 7 章。其中，第一篇为京津冀协同发展评价的研究动态梳理与评述，即第 1 章绪论，提出了本书的研究背景与价值、研究动态梳理与评述，概括了本书的研究内容、研究思路与方法。第二篇为京津冀具体区情评价体系设计，即第 2 章到第 5 章，包括第 2 章京津冀科技创新评价体系、第 3 章京津冀经济发展评价体系、第 4 章京津冀社会治理评价体系、第 5 章生态环境建设评价体系，构建了科技创新、经济发展、社会治理、生态环境建设评价指标，概括了京津冀科技创新、经济发展、社会治理、生态环境建设的现状。第三篇为京津冀协同发展评价方法，即第 6 章京津冀协同发展评价指标体系与模型，设计了京津冀协同发展评价指标体系，评价了京津冀科技创新的经济社会生态效应，构建了京津冀协同发展评价模型。第四篇为京津冀协同发展评价方法的应用，即第 7 章京津冀协同发展评价的实证研究，评价了京津冀科技—经济—社会—生态协调性，综合评价了京津冀协同发展效度与能力。

本书是北京市社会科学基金青年项目“京津冀协同发展评价体系与对策研究”（批准号：17GLC064）的阶段性研究成果，对于从事京津冀协同发展研究的相关管理者和研究者具有一定的借鉴意义和重要参考价值。在本书写作过程中，作者受到知识、时间等多方面的限制，研究成果不尽完善，难免存在许多不足之处，殷切期望同行专家和广大读者能够批评指正，从而有助于继续深入系统的研究。并希望本书的出版有利于进一步推进京津冀协同发展的深入研究。

本书的出版得到众多学生收集文献资料和数据资料的帮助，这些学生分别是惠雅倩、李晓婉、徐顺治、吴敬敬、郭建玲、孙兴达、曹思奇、轩陶静、郑宇琦、蔡潇涵、张利鹏、徐刘醒香，在此对他们一并表示感谢！

作者

2018 年 10 月于北京

目录

第一篇 京津冀协同发展评价的研究动态梳理与评述

1 绪论 …… 002
1.1 研究背景与价值 …… 002
1.1.1 研究背景 …… 002
1.1.2 研究价值 …… 002
1.2 研究动态梳理与评述 …… 003
1.2.1 学术成果梳理 …… 003
1.2.2 政策成果梳理 …… 005
1.2.3 研究动态评述 …… 020
1.3 研究内容 …… 021
1.3.1 研究对象 …… 021
1.3.2 研究框架 …… 021
1.3.3 研究重点难点 …… 022
1.3.4 研究目标 …… 023
1.4 研究思路与方法 …… 024
1.4.1 研究思路 …… 024
1.4.2 研究方法 …… 024
1.4.3 研究创新点 …… 025

第二篇 京津冀具体区情评价体系设计

2 京津冀科技创新评价体系 …… 028
2.1 科技创新现状评价 …… 028

2.1.1 科技创新规模评价 …… 028
2.1.2 科技创新效率评价 …… 037
2.2 科技创新评价指标体系设计 …… 045
2.3 科技创新综合指数评价 …… 049
2.3.1 综合指数评价模型 …… 049
2.3.2 科技创新综合指数 …… 050
3 京津冀经济发展评价体系 …… 053
3.1 经济发展现状评价 …… 053
3.1.1 经济发展变化 …… 054
3.1.2 产业结构演变 …… 060
3.2 经济发展评价指标体系设计 …… 066
3.3 经济发展综合指数评价 …… 069
4 京津冀社会治理评价体系 …… 071
4.1 社会治理现状评价 …… 071
4.1.1 人口变化 …… 071
4.1.2 民生服务变化 …… 075
4.2 社会治理评价指标体系设计 …… 081
4.3 社会治理综合指数评价 …… 086
5 京津冀生态环境建设评价体系 …… 089
5.1 生态环境建设现状评价 …… 089
5.1.1 地方财政环保投资变化 …… 089
5.1.2 资源能源利用与环境保护变化 …… 091
5.2 生态环境建设指标体系设计 …… 101
5.3 生态环境建设综合指数评价 …… 104

第三篇 京津冀协同发展评价方法

6 京津冀协同发展评价指标体系与模型 …… 108
6.1 京津冀协同发展评价指标体系设计 …… 108
6.2 京津冀科技创新的经济社会生态效应评价 …… 111
6.2.1 京津冀科技创新与经济社会生态的关系检验 …… 111

6.2.2 京津冀科技创新的经济社会生态弹性分析 …… 112
6.3 京津冀协同发展评价模型 …… 115
6.3.1 协调度与协调发展度模型构建 …… 115
6.3.2 协同发展评价模型构建 …… 115

第四篇 京津冀协同发展评价方法的应用

7 京津冀协同发展评价的实证研究 …… 122
7.1 科技-经济-社会-生态协调性评价 …… 122
7.1.1 科技-经济协调性评价 …… 123
7.1.2 科技-社会协调性评价 …… 124
7.1.3 科技-生态协调性评价 …… 127
7.1.4 经济-社会-生态协调性评价 …… 129
7.1.5 科技-经济-社会-生态协调性评价 …… 131
7.2 京津冀协同发展效度与能力评价 …… 134
7.3 对策建议 …… 135

参考文献 …… 138

第一篇

京津冀协同发展评价的研究动态梳理与评述

1 绪论

1.1 研究背景与价值

1.1.1 研究背景

京津冀地区以占全国2.3%的土地面积，承载全国8%的人口，创造了全国近11%的经济总量，其创新资源最为集中、科技创新成果最为丰硕。京津冀作为我国政治、经济、文化与科技中心，既是我国东部地区的重要增长极，又是推动我国国民经济和社会发展的重要引擎。2015年4月，中共中央政治局会议审议通过了《京津冀协同发展规划纲要》，将推动京津冀协同发展作为一个重大国家战略，强调大力促进京津冀创新驱动发展，增强京津冀资源能源保障能力，统筹京津冀社会事业发展，不断缩小区域内的发展不平衡。同时，为贯彻落实《京津冀协同发展规划纲要》，国家先后出台了一系列推动京津冀协同发展的政策举措。2016年1月，国家协同办印发了《“十三五”时期京津冀国民经济和社会发展规划》，以创新、协调、绿色、开放、共享五大发展理念为统领，打破三省市“一亩三分地”思维定式，制定了创新发展、转型升级、绿色发展等9个方面的重点发展任务，为缩小京津冀发展差距提供了重要政策支撑。2016年8月，国家发展改革委员会印发了《关于贯彻落实区域发展战略促进区域协调发展的指导意见》，进一步强化深入实施京津冀协同发展战略，完善区域协调发展体制机制，到2020年基本形成区域协调发展新格局。与此同时，科技、产业、生态环保、交通、教育等一批专项规划相继出台实施。这些政策制度标志着京津冀协同发展逐步进入实质性的操作阶段。

1.1.2 研究价值

本项研究作为一项应用基础性的交叉研究，具有很强的集成创新性和应用导

向性,其主要价值归纳如下:

(1) 学术价值。本研究对发展京津冀协同发展评价理论框架体系,具有重要的学术意义。由于京津冀协同发展评价在国内属于一个较新的研究领域,自京津冀协同发展实践开展以来,评价理论研究相对滞后,重点考虑从科技、产业或者生态环境等单一视角研究,构建京津冀协同发展评价体系,容易导致京津冀协同发展评价理论与实际的偏离。本研究在借鉴国际前沿理论基础上,综合考虑京津冀地区的具体区情因素(如科技创新、经济发展、社会治理与生态环境建设等),力图创新提出与京津冀区情、经济社会发展目标相适应的协同发展评价理论框架体系,有效避免京津冀协同发展评价体系中研究视角的单一化问题,有助于缩小京津冀协同发展评价理论与实践的差距。

(2) 应用价值。本项研究将为京津冀协同发展评价实践提供理论指导,为决策者和管理部门提供相关政策建议。由于京津冀协同发展实践所依赖的条件复杂,需避免京津冀协同发展评价理论与实践脱钩,也不能简单借鉴或直接照搬西方国家和我国其他地区的政策制度与方法,需制定适应京津冀基本区情的协同发展政策制度。本项研究创新设计与京津冀区情、经济社会发展目标相适应的协同发展评价体系,有利于为京津冀协同发展评价实践提供更为科学的理论指导。同时,从公共政策与公共管理视角,因地制宜确定京津冀协同发展的实施路径与对策建议,组织设计一套较为完善的京津冀协同发展实施的配套制度,为推进京津冀协同发展实践提供决策支撑,提高基础研究成果在实践中的广泛应用前景。

1.2 研究动态梳理与评述

1.2.1 学术成果梳理

京津冀协同发展在社会各界引起了强烈反响,围绕京津冀协同发展的实践经验性研究逐渐增多。

一是京津冀协同发展的背景意义、挑战及实现机制研究。通过梳理京津冀发展历程可知,京津冀协同发展有其必然性和战略意义,其阻碍在于三地区间较大的发展水平差距以及相关政策法律的不完善,京津冀协同发展涉及北京的核心引领作用与大城市病治理,天津、河北的产业结构升级以及非首都功能承接等重大问题研究(魏丽华、薄文广、孙久文等)。

二是京津冀协同发展的思路研究。包括京津冀产业协同发展的现状、问题与对策建议,人口人才合理配置问题,能源、生态污染、生态补偿等生态环境问题(孙久文、王继源、肖宏伟等），以及科技创新、教育、交通、金融、物流等领域视角的京津冀协同发展研究（许爱萍、王寰安、康书生、刘东英等）。

三是京津冀协同发展评价体系的研究。德国物理学家哈肯教授于 1971 年提出了“协同”概念，20 世纪 80 年代后，协同思想在创新系统理论中得到广泛应用。随着系统科学研究的不断深入，经济管理领域开始运用协同的观点，深入研究创新主体、创新要素间的协同问题。针对区域协同发展评价体系研究，主要包括复合系统协同度模型、DEA 模型、离差系数模型、灰色关联模型等理论方法。鉴于京津冀协同发展评价在实践中的复杂性，国际实践经验对其具有宝贵的参考价值，包括东北亚区域协同发展现状评价（Kim 等）、信息技术对南太平洋地区协同发展的重要性评价（Prasad 等）、瑞典城市地区协同发展的科技溢出效应评价（Svensson 等）、罗马尼亚区域协同发展的集群效应评价（Mănescu 等）等。

针对国内区域协同发展评价实践，孟庆松等①以协同学的序参量原理和役使原理为基础，构建了区域创新系统的协同度模型。该评价方法的原理在于根据协同学原理，定义了序参量以及有序度，采用系统现有状态有序度相比基点状态有序度的进步程度，进一步衡量系统协同度。因此，该评价方法能较好地衡量系统内部各要素的有序度和系统间的协同程度。吴笑等②从创新结构角度出发，基于主体协同、过程协同、要素协同、机制协同、体制协同与协同效果 6 个层面，系统构建了科技协同发展评价指标体系，采用模糊数学与 AHP（层次分析法）相结合的多层次模糊综合评价法，量化评价指标，并利用复合系统协同度模型，评价区域创新系统协同度。李琳等③采用扩展 DEA 方法，结合城市群协同度的表征因素（产出指标）和影响因素（投入指标）两个维度，采用离差系数与灰色关联度，动态评估长江中游城市群 2003—2012 年协同创新状态，通过测量系统现有状态与理想状态或者基点状态的差距，综合衡量系统协同度。李海东等④结合 TOPSIS 思想和灰色关联理论，对距离协同模型进行改进，构建了区域协同发展程度评价方法，评价皖江城市带的协同发展程度。李林等⑤指出影响区域协同度的部分指标值具有模糊性，引入熵模糊物元模型，结合模糊集处理定性指标，有效解决指标不同类和量值

---

① 孟庆松，韩文秀. 复合系统协调度模型研究[J]. 天津大学学报，2000，04：444-446.

② 吴笑，魏奇锋，顾新. 协同创新的协同度测度研究[J]. 软科学，2015，07：45-50.

③ 李琳，龚胜. 长江中游城市群协同创新度动态评估与比较[J]. 科技进步与对策，2015，23：118-124.

④ 李海东，王帅，刘阳. 基于灰色关联理论和距离协同模型的区域协同发展评价方法及实证[J]. 系统工程理论与实践，2014，07：1749-1755.

⑤ 李林，杨泽寰. 区域创新协同度评价指标体系及应用——以湖南省 14 地市州为例[J]. 科技进步与对策，2013，19：109-114.

模糊问题，并运用熵值法计算定量指标的权重，同时利用欧式贴近度，评价区域协同度。张小鶤等①从区域创新投入子系统、产出子系统、扩散子系统与支持子系统4个方面，构建了“兰白都市经济圈”区域科技创新协同发展评价模型，对兰白都市经济圈区域科技创新系统发展的协调状况进行了量化评价。

借鉴这些国际成果和国内区域协同发展评价实践，我国学者开展了京津冀协同发展评价体系的探索性研究。鲁继通②从知识创造和获取能力、技术创新和应用能力、创新协同配置能力、创新环境支撑能力、创新经济溢出能力5个要素，系统构建了京津冀科技协同发展评价指标，评价发现北京科技创新协同程度最好，天津居中，河北最弱，京津冀整体科技创新协同程度较低，且进程缓慢。此外，部分学者从产业角度评价研究京津冀行业的协同发展程度问题。如臧维等③从资源视角出发，评价2005—2012年京津冀三地高新技术产业协同度。周海鹏、李媛媛④评价2006—2013年京津冀金融创新系统协同度。张冀新⑤基于城市群现代产业体系的协调度、集聚度、竞争度三维模型，构建城市群现代产业体系的评价指标体系，评价“珠三角”、“长三角”和“京津冀”三大城市群现代产业体系发展指数。研究表明，目前京津冀地区产业协同程度并不理想，协同度较低且协同状态不太稳定。综上所述，经济地理、自然资源、基础设施、科学技术、政策制度成为制约京津冀协同发展的主要要素，评价指标主要涉及经济、社会、生态、科技、人口、交通、物流等领域（曾珍香、冯怡康、文魁等）。同时，评价模型逐步趋向复杂化，包括主成分分析法、协调度法、熵权法、DEA模型等（郑志丹等）。

1.2.2　政策成果梳理

京津冀协同发展战略的实施，是党中央在新的历史条件下作出的重大决策部署，对于协调推进“四个全面”战略布局、实现“两个一百年”奋斗目标和中华民族伟大复兴中国梦，具有重大现实意义和深远历史意义。“十二五”期间，京津冀协同发

---

① 张小鶤，玄兆辉，蔺爽，等.“兰白都市经济圈”创新系统协同发展研究[J]. 中国科技论坛，2015，01：102-107.

② 鲁继通. 京津冀区域协同创新能力测度与评价——基于复合系统协同度模型[J]. 科技管理研究，2015，24：165-170，176.

③ 臧维，秦凯，于畅. 基于资源视角的京津冀高新技术产业协同创新研究[J]. 华东经济管理，2015，02：47-54.

④ 周海鹏，李媛媛. 区域金融协同创新测度与分析——以京津冀为例[J]. 天津大学学报（社会科学版），2016，03：237-242.

⑤ 张冀新. 城市群现代产业体系的评价体系构建及指数测算[J]. 工业技术经济，2012，09：133-138.

展的推进受到党中央高度重视并上升为国家战略。2011年3月，国民经济和社会发展“十二五”规划纲要发布，提出“打造首都经济圈”，加快建设河北沿海经济发展带。2013年，习近平总书记先后到天津、河北进行实地调研，强调深入推进京津冀协同发展。2014年2月，习近平总书记主持召开京津冀三地协同发展座谈会，要求北京、天津、河北三地打破“一亩三分地”的思维定式，强调实现京津冀协同发展是面向未来打造新的首都经济圈、推进区域发展体制机制创新的需要，是一个重大国家战略。2015年4月30日，中共中央政治局召开会议并审议通过《京津冀协同发展规划纲要》，指出推动京津冀协同发展是一个重大国家战略，核心是有序疏解北京非首都功能，要在京津冀交通一体化、生态环境保护、产业升级转移等重点领域率先取得突破。并在此期间相继出台了经济、社会和生态等一系列推进京津冀协同发展的政策。实践表明，京津冀协同发展的顶层设计基本完成，推动实施这一战略的总体方针已经明确。

1.2.2.1 经济政策的制定与推进

《京津冀协同发展规划纲要》明确指出，推动京津冀协同发展的核心是有序疏解北京非首都功能，并在产业升级转移领域率先取得突破。同时，鉴于北京作为全国政治中心、文化中心、国际交往中心和科技创新中心的首都城市战略定位，加快推进非首都功能疏解是落实这一战略定位的必然要求。为此，相关部门出台了一系列政策，推动非首都功能疏解、产业转移升级和科技创新，促进京津冀经济一体化。京津冀协同发展经济政策的制定，见表1.1。

表1.1 京津冀协同发展的经济政策

时间	签署方	文件	主题
2011年7月2日	京冀	《中关村与保定市签署战略合作框架协议》	综合性
2012年2月18日	京冀	《中关村与廊坊市签署战略合作框架协议》	综合性
2013年3月	京津	《北京市天津市关于加强经济与社会发展合作协议》	综合性
2013年5月	津冀 京冀 京冀	《天津市河北省深化经济与社会发展合作框架协议》 《北京市、河北省2013—2015年合作框架协议》 《北京市、河北省科技合作框架协议》	综合性 综合性 协同创新
2013年7月6日	京冀	《北京海淀区与秦皇岛市签署战略合作框架协议》	综合性
2013年11月30日	京津	《中关村与天津宝坻区签署战略合作框架协议》	综合性
2014年7月1日	京冀	《共同推进中关村与河北科技园区合作协议》	协同创新
2014年8月	京津 京津 京津冀	《贯彻落实京津冀协同发展重大国家战略推进实施重点工作协议》 《中关村与天津滨海区签署战略合作框架协议》 《京津冀协同创新发展战略研究和基础研究合作框架协议》	综合性 综合性 协同创新

续表

时间	签署方	文件	主题
2014 年 7 月 21 日	京	《北京市新增产业的禁止和限制目录(2014 年版)》	非首都功能疏解
2014 年 7 月 31 日	京冀	《共同加快推进市场一体化进程协议》 《共同打造曹妃甸协同发展示范区框架协议》 《共建北京新机场临空经济合作区协议》 《共同推进中关村与河北科技园区合作协议》	非首都功能承接 产业转移对接
2014 年 8 月	京津	《关于共同推进天津未来科技城京津合作示范区建设的合作框架协议》	非首都功能承接
2014 年 8 月 24 日	津冀	《推进区域市场一体化合作框架协议》 《共同打造冀津(涉县·天铁)循环经济产业示范区合作框架协议》	市场一体化 产业转移对接
2015 年 7 月 16 日	京津冀	《京津冀开发区创新发展联盟框架协议》	产业转移对接
2015 年 8 月 17 日	京	《北京市新增产业的禁止和限制目录(2015 年版)》	非首都功能疏解
2014 年 8 月 6 日	京津	《共建滨海—中关村科技园合作框架协议》	协同创新
2015 年 4 月 11 日	京津冀	“京津冀钢铁行业节能减排产业技术创新联盟”	协同创新
2015 年 8 月 28 日	京津冀	“京津冀钢铁联盟(迁安)协同创新研究院”	协同创新
2015 年 9 月 10 日	京	《关于建设京津冀协同创新共同体的工作方案(2015—2017 年)》	协同创新
2015 年 12 月 18 日	京津冀	“京津冀技术转移协同创新联盟”	协同创新

(1) 区域经济一体化综合性政策协议

参照表 1.1,为进一步加快京津冀经济社会协调发展,促进区域经济一体化,京津冀三省市分别签署了综合性的合作协议。区域经济一体化综合性政策协议的主要内容可表述为:

2013 年 3 月,京津两市签署了《北京市天津市关于加强经济与社会发展合作协议》,提出:推动区域发展战略规划编制;完善交通基础设施体系;开展产业转移和对接合作;打造教育和科技研发高地;深化陆海空航运物流合作;加强人才共享互通合作;推进文化旅游会展融合发展;加快金融一体化进程;改善京津地区环境质量;建立合作长效工作机制。

2013 年 5 月 20 日,津冀两地共同签署了《天津市河北省深化经济与社会发展合作框架协议》(以下简称《合作协议》)。《合作协议》主要工作任务:推进区域一体化进程；完善交通网络体系；深化港口物流合作；提高水资源保障能力；推动产业转移升级；加强科技研发合作；加强农副产品对接；加快旅游会展融合；拓宽金融合作领域；建立合作协调机制。

2014年8月6日，为加快推进京津双城联动发展，京津两市在京签署了《贯彻落实京津冀协同发展重大国家战略推进实施重点工作协议》，提出：要协同打造合作示范区；要协同推动科技创新一体化发展；要协同深化口岸合作；要协同促进区域投资贸易便利化；要协同推进资源要素对接对流；要协同构建互联互通现代交通网络体系；提出要协同改善生态环境；协同打造合作示范区；协同完善合作工作机制。

(2) 疏解非首都功能和产业协同发展政策协议

1) 疏解非首都功能和加快产业转移对接政策协议

为深入贯彻落实首都城市战略定位，加快构建“高精尖”的经济结构，切实推动京津冀协同发展，京津冀三省市签署了一系列文件来有序疏解非首都功能和加快产业转移对接。疏解非首都功能和加快产业转移对接政策协议的主要内容可表述为：

2014年7月21日，北京市发展改革委和市教委等联合制定了《北京市新增产业的禁止和限制目录(2014年版)》(以下简称《目录》)。《目录》按照《国民经济行业分类》(2011年版)编制，从全市、四类功能区(首都功能核心区、城市功能拓展区、城市发展新区、生态涵养发展区)两个层面，对非首都功能增量进行严格禁止和限制准入，对部分行业做出了区域限制、规模限制和产业环节、工艺及产品限制。

2014年7月31日，京冀双方签署了《共同加快推进市场一体化进程协议》，《共同打造曹妃甸协同发展示范区框架协议》，确定将曹妃甸建成承接京津产业转移和城市功能疏解的战略功能区。双方签署了《共建北京新机场临空经济合作区协议》，明确了备受关注的空港新区规划范围，用以承接北京优质要素和产业转移。此外，京冀双方签署了《共同推进中关村与河北科技园区合作协议》，重点提出了双方共同谋划打造京津冀大数据走廊。

2014年8月，京津两市签署了《关于共同推进天津未来科技城京津合作示范区建设的合作框架协议》，进一步明确京津合作示范区开发建设总体思路。示范区定位为“非首都功能疏解重点承载平台”，主要承接北京非首都功能疏解项目，来缓解北京的非首都功能压力。

2014年8月24日，津冀两省市签署了《推进区域市场一体化合作框架协议》，涉及重点合作内容包括:推动资源要素自由流动;建设统一开放的商贸流通体系;促进公共服务一体化等。同时津冀两省市签署了《共同打造冀津(涉县·天铁)循环经济产业示范区合作框架协议》,指出要共同把冀津循环经济产业示范区建设成为京津冀协同发展的重要平台。

2015 年 7 月 16 日,京津冀三省市 12 家国家级经济技术开发区、天津自由贸易试验区、中国开发区协会及京津冀三省市开发区协会等 18 家发起单位共同签署了《京津冀开发区创新发展联盟框架协议》。根据协议,联盟单位将共同打造高水平开放平台,通过"线上+线下"的服务模式,搭建信息交流、项目对接和投融资等服务平台,构建全方位、可持续、一体化的产业发展、企业服务、创新创业体系,推进京津冀三地产业对接合作。①

2015 年 8 月 17 日,北京市对《北京市新增产业的禁止和限制目录(2014 年版)》进行了修订,形成了《北京市新增产业的禁止和限制目录(2015 年版)》(以下简称《目录》)。《目录》中的管理措施分为禁止性和限制性两类。其中,禁止性是指不允许新增固定资产投资项目,不允许新设立或新迁入法人单位、产业活动单位、个体工商户;限制性主要包括区域限制、规模限制和产业环节、工艺及产品限制。

2) 产业联盟支撑政策

目前,京津冀三地产业发展差异较大,产业联盟的存在可以加强三地产业的合作、交流,促进产业间的互补和平衡式发展。2014 年 5 月成立的京津冀协同发展商会联盟,旨在整合各区域的优势商业资源,形成市场驱动发展的良好局势。2015 年 7 月,京津冀开发区创新发展联盟成立,京津冀三省市区域内 12 家国家级经济技术开发区、天津自由贸易试验区等 18 家发起单位共同签署了《京津冀开发区创新发展联盟框架协议》,为三地开发区破除地理、行政壁垒,瓦解开发区存在的产业同质化、土地等资源利用率低的问题发挥了重要作用。

产业间的联盟主要聚焦在创新要求高、关联性强以及互补性可观的三大领域。智能制造是新兴产业,属于互联网+传统制造业的结合,处于起步阶段,有待发展。2014 年 10 月由河北省机械行业协会、天津市滨海新区智能制造产业技术创新战略联盟等 10 个产业协会共同组建了京津冀智能制造协作一体化发展大联盟,该联盟致力于促进三地机器人及智能装备制造和应用产业之间的互动和协同发展。生态环境问题一直是共性问题,因此加强合作、形成规范化的整体才能解决问题。在

① 人民网.京津冀开发区创新发展联盟成立[N/OL].[2015-07-16]. http://news.ifeng.com/a/20150716/44183396_0.shtml.

京津冀节能低碳环保产业联盟之后，近两年又陆续达成土肥水事业协同发展创新联盟、京津冀园林科技创新战略联盟、循环经济产业集群发展联盟等一批新联盟。这些联盟将促进地区间资源合理化使用。2015 年 4 月京津冀科委、科技厅发起成立钢铁行业节能减排科技创新联盟，整合了 70 多家钢铁企业、节能减排机构、金融机构，通过实现钢铁企业的联合节能减排提升区域钢铁行业综合实力。2015 年 12 月 18 日，京津冀技术转移协同创新联盟在北京成立，联盟首批成员单位 102 家，涉及新一代信息技术、新材料、节能环保、生物医药等战略性新兴产业，以及提供知识产权、投融资、创新创业等服务的社会组织及众创空间。此外，目前，京津冀的物流标准化联盟、文化产业园区联盟、众创联盟等一系列联盟也相继成立，京津冀间产业协同愈见频繁。

(3) 京津冀协同创新政策协议

1) 科技创新政策协议

党的十八大报告明确提出，“科技创新是提高社会生产力和综合国力的战略支撑，必须摆在国家发展全局的核心位置”。京津冀协同发展的动力在于科技创新，协同创新对于促进京津冀区域间技术要素流通和产业转型升级具有重要影响。为此，京津冀三省市制定了一系列推动京津冀协同创新的政策和协议。协同创新政策协议的主要内容可表述为：

2014 年 8 月 6 日，为发挥北京科技优势和天津产业优势，京津两市制定了《共建滨海—中关村科技园合作框架协议》。双方围绕科技创新，将滨海—中关村科技园建设成为高端创新要素聚集、产业特色鲜明、可持续发展的国际一流科技研发和成果转化园区。

2014 年 8 月 16 日，京津冀三地签署了《京津冀协同创新发展战略研究和基础研究合作框架协议》。京津冀三方形成合作共识，共同打造京津冀科技协同创新发展的“软环境”。

2015 年 4 月 11 日，为发挥全国科技创新中心的引领辐射带动作用，京津冀推动成立了“京津冀钢铁行业节能减排产业技术创新联盟”。联盟将整合京津冀三地资源，加快科技成果在京津冀区域的产业化。

2015 年 8 月 28 日，北京市科委、河北省迁安市人民政府和联盟签署三方战略合作框架协议，共建“京津冀钢铁联盟（迁安）协同创新研究院”，打造迁安市钢铁行业节能减排与转型升级科技示范区，推动首都科技成果在迁安市转化落地。

2015 年 9 月 10 日，为落实国家京津冀协同发展战略，北京出台了《关于建设京津冀协同创新共同体的工作方案（2015—2017 年）》（以下简称《方案》）。《方案》提出到 2017 年，全国科技创新中心的辐射带动作用发挥显著，“京津冀协同创新共同体”的建设成效显现，协同创新机制逐步完善，区域创新资源分布更加合理，协同创新工程的示范效应明显增强。

2015 年 12 月 18 日，在科技部火炬中心、北京市科委、天津市科委、河北省科技厅的倡议下，由北京大学科技开发部、北方技术交易市场、河北省科技成果转化服务中心等 26 家单位发起成立了“京津冀技术转移协同创新联盟”。联盟旨在突破原有技术流通壁垒，凝聚京津冀创新资源，促进创新要素的流动以及对接。

2）产学研合作创新范式支撑

目前，我国经济发展已进入中高速增长的新常态，经济结构失衡、生产能力过剩等一系列结构性问题日益突出，加快经济转型、实现从要素驱动转为创新驱动是我国经济发展的必由之路，现阶段亟待破解加快推进区域协同发展问题的重要路径。区域协同发展需要打破区域、行业、部门等一系列阻碍，科技协同作为协同发展的源头和主要载体，企业、高校和科研机构相结合的产学研合作创新范式是京津冀科技协同发展的主要合作形式，也是最重要的合作形式。

企业是京津冀科技创新的主体和主要驱动力量。北京目前参与研究开发活动的企业数达到 1 493 家，天津达到 2 220 家，河北达到 1 086 家（仅包括工业企业）。京津冀科技创新资源丰富，实现科技创新驱动发展有一定的科研和产业基础。但从资源分布上可看出，科技创新资源多集中于京津二地，河北地理面积达到京津二地近 7 倍，但创新资源不到京津二地的 1/2。

高校是京津冀科技创新资源的集聚之处，京津冀目前有高校 262 所，占全国的 10.36%，其中北京拥有 89 所，66 所为本科院校，居全国高校城市密集度之首。天津拥有 55 所，河北拥有 118 所，主要分布在石家庄（49）、保定（16）、秦皇岛（13）和廊坊（12），其余七座城市的高校数量均是个位数。科研机构往往是知识创新和技术创新的交融所，主要从事基础性研究和应用型研究。根据京津冀 2015 年统计年鉴，京津冀现有科研机构 434 家，北京囊括其中 299 家，58 家在天津，还有 77 家在河北。

搭建京津冀科技创新网络，实现京津冀科技创新资源在科技创新主体间的流动，也是解决京津冀科技资源分配不均、促进京津冀经济协同发展的必由之路。目前，京津冀地区有七大国家级高新区，北京、天津各一家，河北 5 家。北京的中关村示范区是世界一流园区，汇集 41 所高校、206 家科研院所、67 个国家级重点实验室、27 个国家工程研究中心、28 个国家工程技术研究中心、800 多家创业服务机构、17 965 家企业。此外，中关村在各地设立分支机构、产业基地，通过技术和产业辐射实现跨区域协同创新，目前北京市共 16 家产业园，实现一区一园、协同发展的合理格局，市外部署了 4＋N 的园区格局，重点发展滨海中关村科技园、曹妃甸示范区、新机场临空经济合作区、张成生态功能区。天津目前有一家创新性科技园区，由华苑产业区、滨海高新区、南开科技园、武清开发区、北辰科技工业园、塘沽海洋科技工业园六部分组成，另外还有 8 个国家新型工业化产业基地。河北省内营业收入超 5 亿元产业集群现有 370 多个，其中 119 个特色产业集群分布在北京周边，充分利用北京科技发展的辐射作用是河北打破产业发展落后面貌的优势所在，如何提升京津二地的产学研辐射效应，实现河北省内科技创新协同资源的均衡是河北省亟待解决的问题。

北京协同创新研究院是在政府推动下，2014 年 8 月 28 日由中科院、北大、清华、中科大等 14 家科研院所和商飞、潍柴等 100 多家行业龙头企业联合创建的，并将在此基础上组建仿真与设计、智能机器人、先进加速器、激光技术、智能电网、空间信息技术、现代传媒技术等 18 个协同创新中心，现已成立仿真与设计、智能机器人、先进制造、智能电网、水处理、节能减排、信息安全、空间信息等 8 个协同创新中心。研究院采取"协同创新中心-基金二元耦合"体制，并致力于实现 5 个协同——大学与大学协同、大学与产业协同、企业与行业协同、创新与人才培养协同、首都知识经济与地方产业经济协同。此外，研究院还将成为集研发、孵化和企业创新于一体的创新创业基地。

1.2.2.2 社会政策的制定与推进

公共服务均等化有利于促进京津冀区域间的教育、医疗、交通等优质资源要素相互流通，有利于维持社会秩序和保持社会稳定，是促进京津冀协同发展的有利推手。因此，京津冀三省市出台了一系列促进公共服务一体化的政策。京津冀协同发展社会政策的制定，见表 1.2。

表 1.2 京津冀协同发展的社会政策

时间	签署方	文件	主题
2011 年 4 月 26 日	京津冀	《京津冀区域人才合作框架协议书》	人才流动
2014 年 8 月 24 日	津冀	《推进教育协同发展合作框架协议》	教育协同
2014 年 8 月 28 日	京津冀	《京津冀三地文化领域协同发展战略框架协议》	文化协同
2015 年 10 月	京冀	《京冀两地教育协同发展对话与协作机制框架协议》 《京冀大学生思想政治教育工作协作方案》	教育协同

续表

时间	签署方	文件	主题
2013 年 5 月	京冀	《北京市—河北省旅游发展战略合作协议》	旅游协同
2014 年 7 月 31 日	京冀	《交通一体化合作备忘录》 《共同推进物流业协同发展合作协议》	交通一体化，物流协同发展
2014 年 8 月 24 日	津冀	《交通一体化合作备忘录》	交通一体化
2015 年 12 月 8 日	发改委	《京津冀协同发展交通一体化规划》	交通一体化
2015 年 8 月 17 日	京津冀	《京津冀毗邻县(市、区)卫生应急合作协议》	卫生应急一体化

(1) 教育协同政策协议

教育是科教兴国战略的重要人才支撑，同时也是实现首都城市四个中心战略定位的重要支撑，京津冀协同发展离不开教育协同。教育协同政策协议的主要内容可表述为：

2011 年 4 月 26 日，京津冀三省市签署《京津冀区域人才合作框架协议书》，承诺在人才流动、人才智力资源共享、人才培养等方面紧密合作，加强联系。京津冀区域人才合作内容包括：①推进人才智力资源共享，建立三地人才供求信息交流渠道，开通京津冀网上人才市场，实现人才信息资源共享；②建立高层次人才柔性流动机制，鼓励高层次人才利用工作之余到另两方从事科技攻关、项目合作等专业服务，开辟联合招收培养博士后绿色通道；③实行专家与职称资格互认，开展劳动人事仲裁协作，互设人才工作站；④建立相互包容的社会保障制度，实现京津冀易地就医结算、三地企业职工基本养老保险关系转移接续等；⑤建立京津冀区域人才合作联席会议制度作为三方合作的制度保证，每年举行一次正式会议；并针对某一领域、项目和特定问题，不定期举行非正式会议。

2014 年 8 月 24 日，津冀两省市签署了《推进教育协同发展合作框架协议》，涉及重点合作内容包括：共建河北工业大学；加强教育教学交流合作；建设区域性基础教育数字资源中心和基础教育信息库，建立职业教育合作机制，建立高校跨省(市)招生计划协商机制，开展高层次人才培养合作试点，搭建高水平学术交流平台，探索研究生培养模式改革；加强教师干部队伍建设；加大科研交流合作。

2014 年 8 月 28 日，北京市文化局、天津市文化广播影视局、河北省文化厅三方在天津签署了《京津冀三地文化领域协同发展战略框架协议》。协议指出，京津冀三地应在优势互补、共建共享、统一开放的原则下，推动三地文化发展实现同城化谋划、联动式合作、协同化发展。在合作内容中具体提出：①加强顶层设计，统筹规划区域文化发展布局；②推进现代公共文化服务体系建设；③推进演艺文化交流与合作；④加强文化产业协作发展；⑤加快优秀传统文化的保护与利用；⑥培育统一开放的区域文化市场。

2015 年 10 月，河北、北京两地教育部门近日签署了《京冀两地教育协同发展对话与协作机制框架协议》和《京冀大学生思想政治教育工作协作方案》，以加强两地教育行政主管部门之间沟通与协商，深化各领域交流与合作，提升两地教育协同发展水平。按照双方签署的有关协议，京冀两地教育部门将建立协同发展联席会议制度，定期会商教育协同发展的顶层设计，协调解决教育协同发展面临的热点、难点问题；建立协同发展研究机制，由两地教育研究机构牵头，围绕推进京冀两地教育协同发展的重要政策、重大问题开展课题研究，提供决策咨询和参考；组织开展协同发展研究交流活动，围绕两地联合办学、异地办学、学科专业建设、资源共建共享、干部教师培训挂职、科技协同创新、产教融合、人才培养与需求对接等领域，开展对话交流，推进务实合作；建立协同发展信息发布平台，及时推介两地教育领域深化交流与合作的思路、举措和最新成果。

近年来，京津冀地区跨省市间各类产业联盟蓬勃兴起，成为京津冀未来协同创新发展的重要纽带和载体，推动了京津冀一体化的形成（见表 1.3）。2015 年 6 月 14 日，北京工业大学、天津工业大学、河北工业大学三校在北京携手成立“京津冀协同创新联盟”，成为京津冀协同创新背景下首个高校间的协同联盟组织。三大高校将各自发挥自身的科研优势，形成以北京工业大学牵头成立的“京津冀交通协同创新中心”，以天津工业大学牵头成立的“京津冀环境污染控制协同创新中心”，以河北工业大学牵头成立的“京津冀智能装备技术与系统协同创新中心”等。此外，联盟高校还将联合建立多学科组成的高端智库和开放式研究机构。三校“京津冀协同创新联盟”设立工作领导小组为最高权力机构，并达成“领导小组由联盟成员学校校长组成，各校长按协商顺序担任轮值主席，任期一年”的联盟机制。2015 年 9 月 17 日，由北京大学牵头，南开大学、清华大学、河北经贸大学和首都经济贸易大学联合成立的“京津冀协同发展联合创新中心”在北京大学成立。该联盟以解决京津冀协同发展中带有根本性、全局性、长期性的重大理论和政策问题为导向，结合世界学术前沿，开展区域发展科学研究、学科建设和人才培养，并助力区域科学中心和智库发展。此后，各类高校以自己学科优势为依托纷纷建立各类高校联盟，推动三省市间跨区域的高校合作。

表 1.3　“十二五”期间京津冀高校联盟

时间	联盟名称	联盟成员
2015 年 6 月 14 日	京津冀协同创新联盟	北京工业大学、天津工业大学、河北工业大学
2015 年 7 月 21 日	京津冀建筑类高校协同创新联盟	北京建筑大学、天津城建大学、河北建筑工程学院
2015 年 9 月 17 日	京津冀协同发展联合创新中心	北京大学、南开大学、清华大学等 5 所高校
2015 年 9 月 20 日	京津冀纺织服装产业协同创新高校联盟	北京服装学院、中央美术学院、天津美术学院、河北大学等 11 所高校
2015 年 12 月 20 日	京津冀高校新媒体联盟	北京市、天津市、河北省 34 所高校
2015 年 12 月 25 日	京津冀地区农林高校协同创新联盟	河北农业大学、中国农业大学、天津农学院等 9 所高校

在大学生思想政治教育工作协作方面，两地将建立定期交流研讨工作机制。围绕大学生思想政治教育及思想政治理论课工作重点难点问题，定期举办“京冀大学生思想政治教育工作研讨会”，开展专题性深度研讨交流；建立大学生思想政治教育资源共享机制，两地高校辅导员到其他省市高校进行短期挂职锻炼，并在思想政治理论课教育教学改革、宣传思想工作和校园文化成果交流推广方面开展机制性合作。

(2) 旅游协同政策协议

京津冀协同发展重点在于产业协同，旅游业是能够拉动产业协同的一个重要的先导产业，旅游协同能够推动公共服务的衔接，促进区域联动。旅游协同政策协议的主要内容可表述为：

2013 年 5 月，北京市旅游委与河北省旅游局签署了《北京市—河北省旅游发展战略合作协议》，与天津市旅游局就“落实京津合作协议、推动两市旅游发展”召开座谈会。三省市共同建立了“共塑市场、互送客源、同步宣传、异地投诉、联合执法”的旅游合作机制，确定了“旅游资源、产品、市场、信息、客源和利益共享”的战略目标。

(3) 交通一体化政策协议

《京津冀协同发展规划纲要》指出，推动京津冀协同发展要在京津冀交通一体化等重点领域率先取得突破。京津冀交通一体化政策协议的主要内容可表述为：

2014 年 7 月 31 日，京冀双方签署了《交通一体化合作备忘录》，提出将协同编制交通一体化发展规划，共同参与区域交通顶层设计，优化整合港口、铁路、公路、航空等各种交通方式，共同构建安全、便捷、高效、绿色、经济的现代综合交通运输体系。同时双方签署了《共同推进物流业协同发展合作协议》。

2014 年 8 月 24 日，津冀两省市签署了《交通一体化合作备忘录》，涉及重点合作内容包括：协同编制交通一体化发展规划；深化港口合作发展；加强铁路项目建设合作；推进公路项目建设合作；促进机场合作发展；深入开展邮政合作。

2015 年 12 月 8 日，国家发展改革委和交通运输部联合召开媒体会，发布《京津冀协同发展交通一体化规划》。《规划》提出，要扎实推进京津冀地区交通的网络化布局、智能化管理和一体化服务，到 2020 年基本形成多节点、网格状的区域交通网络，到 2030 年形成“安全、便捷、高效、绿色、经济”的一体化综合交通运输体系。京津冀地区将以现有通道格局为基础，着眼于打造区域城镇发展主轴，促进城市间互联互通，推进“单中心放射状”通道格局向“四纵四横一环”网络化格局转变。

(4) 医疗卫生一体化政策协议

在京津冀区域内建立长期、稳定、高效的卫生应急合作有利于提高京津冀区域内卫生应急能力，有利于促进京津冀医疗卫生一体化的进程。医疗卫生一体化政策协议的主要内容可表述为：

2015 年 8 月 17 号，京津冀三省市及其所辖毗邻县(市、区)卫生计生行政部门负责人在廊坊市签署了《京津冀毗邻县(市、区)卫生应急合作协议》。这是三方深入整合卫生资源，健全区域公共卫生保障体系，推动京津冀卫生应急一体化的重要内容。根据合作协议，三方将通过工作例会、临时会商、工作交流等形式通报有关情况，交流工作经验，共同研判形势，互相取长补短，共同提高卫生应急管理水平和能力。

1.2.2.3 生态政策的制定与推进

《京津冀协同发展规划纲要》指出，推动京津冀协同发展要在京津冀生态环境保护等重点领域率先取得突破。为了加大京津冀地区大气、水、土壤污染等防治工作力度，切实改善环境质量，京津冀三省市在生态环境建设方面持续推进，发布了一系列保护环境的政策。京津冀协同发展生态政策的制定，见表 1.4。

表 1.4 京津冀协同发展生态政策

时间	签署方	文件	主题
2013 年 9 月 10 日	国务院	《关于印发大气污染防治行动计划的通知》	京津冀大气污染防治
2013 年 9 月 17 日	生态环境部	《京津冀及周边地区落实大气污染防治行动计划实施细则》	大气污染防治

续表

时间	签署方	文件	主题
2014 年 7 月 31 日	京冀	《共同加快张承地区生态环境建设协议》	水资源保护
2014 年 8 月 6 日	京津	《关于进一步加强环境保护合作的协议》	大气、水污染防治
2014 年 8 月 24 日	津冀	《加强生态环境建设合作框架协议》	大气、水污染防治
2015 年 4 月 2 日	国务院	《水污染防治行动计划》	京津冀水污染防治
2015 年 11 月底	京津冀	《京津冀区域环境保护率先突破合作框架协议》	大气、水、土壤污染防治

2013 年 9 月 10 日，国务院印发《关于印发大气污染防治行动计划的通知》。提出明确的奋斗目标：经过五年努力，京津冀区域空气质量明显好转。具体指标：到 2017 年，京津冀区域细颗粒物浓度下降 25%左右，其中北京市细颗粒物年均浓度控制在 60 微克/立方米左右。主要内容有：加大综合治理力度，减少多污染物排放；加快调整能源结构，增加清洁能源供应；严格节能环保准入，优化产业空间布局；建立区域协作机制，统筹区域环境治理；建立监测预警应急体系，妥善应对重污染天气。

2013 年 9 月 17 日，生态环境部印发了《京津冀及周边地区落实大气污染防治行动计划实施细则》。主要目标：经过五年努力，京津冀及周边地区空气质量明显好转，重污染天气较大幅度减少。具体指标：到 2017 年，北京市、天津市、河北省细颗粒物(PM2.5)浓度在 2012 年基础上下降 25%左右。其中，北京市细颗粒物年均浓度控制在 60 微克/立方米左右。重点任务：实施综合治理，强化污染物协同减排；统筹城市交通管理，防治机动车污染；调整产业结构，优化区域经济布局；控制煤炭消费总量，推动能源利用清洁化；强化基础能力，健全监测预警和应急体系；加强组织领导，强化监督考核。

2014 年 7 月 31 日，京冀双方签署了《共同加快张承地区生态环境建设协议》，明确了水资源保护等 4 个方面 11 项工作内容以及相应的工作机制。

2014 年 8 月 6 日，京津签署了《关于进一步加强环境保护合作的协议》，明确要在大气污染防治、水污染防治、环境监测、科技标准、环境监察、环保信息等方面展开合作。

2014 年 8 月 24 日，津冀两省市签署了《加强生态环境建设合作框架协议》，涉及重点合作内容包括：共同防治大气污染；保障水资源安全；综合防治水域污染；加大主要流域排污口整治力度，构建科学合理的流域水环境监测体系；加快防护林建设；发展清洁能源。

2015年4月2日，国务院印发《水污染防治行动计划》。明确工作目标之一：京津冀区域水生态环境状况有所好转。主要指标之一：京津冀区域丧失使用功能（劣于Ⅴ类）的水体断面比例下降15个百分点左右。主要内容：集中治理工业集聚区水污染；强化城镇生活污染治理；控制农业面源污染；促进再生水利用；加强城镇节水；提升监管水平。

2015年11月底，京津冀签署《京津冀区域环境保护率先突破合作框架协议》，明确以大气、水、土壤污染防治为重点，以联合立法、统一规划、统一标准、统一监测、协同治污等10个方面为突破口，联防联控，共同改善区域生态环境质量。

1.2.2.4 京津冀协同发展政策成效

“十二五”期间各相关部门积极落实京津冀在经济、社会和生态环境领域的协同发展政策，并取得了明显进展。

（1）经济政策成效

京津冀产业转移升级和协同创新持续发力，推动了非首都功能疏解有序进行。京津冀协同发展的经济政策成效主要内容可表述为：

第一，非首都功能疏解取得良好进展。一方面，严控增量。2015年，北京市禁限新增产业占全部国民经济行业分类的比例由32%提高到55%，城六区受到禁限的行业由42%提升至79%。另一方面，疏解存量。2015年前三季度，北京市撤并升级清退90家低端市场，腾退营业面积约44万平方米，摊位1.2万个。截至2015年10月底，北京市共关停退出一般制造业和污染企业315家，提前完成300家污染企业年度淘汰任务，累计淘汰各类污染企业995家。此外，北京城市副中心加快规划建设，有序推动北京行政事业单位和中心城人口向通州转移。

第二，京津冀三省市在产业转移升级和协同创新方面取得佳绩。天津市加快建设天津滨海—中关村科技园、武清京津产业新城、未来科技城京津合作示范区、宝坻京津中关村科技城，以及天津—河北（涉县天铁）循环经济产业示范区等重点合作平台。2015年1—10月，北京、河北在天津投资资金超过1 520亿元。天津企业到河北省投资项目648个。在天津滨海，已经有132家中关村企业在天津设立子公司，注册资金接近24亿元。曹妃甸作为首都战略功能区和协同发展示范区，2015年已有27家北京企业落户，总投资700亿元。截至11月底，保定已拥有6个国家级创新平台、1个大学科技园、5家国际合作基地，位居河北省内首位。保定作为科技创新成果转化示范基地，2015年科研经费总额达3 600余万元；全市还谋划了10个重点发展板块、18个重点建设园区，努力打造承接非首都功能疏解和京津产业转移的创新发展高地。2015年“京津冀钢铁行业节能减排产业技术创新联盟”已落地津冀地区的节能减排示范工程 6 项，投资总额达到 6.7 亿元。

(2) 社会政策成效

京津冀三省市公共服务共建共享取得新突破。京津冀协同发展的社会政策成效主要内容可表述为：

第一，北京市与河北省启动互派干部挂职工作，聚焦重点部门，重点地区和专业技术人才合作交流。北京市深入推进京津冀教育协同发展，加强与津冀两地在教育资源需求规划布局上的协调对接，建立教育发展规划相互联动协商机制。北京市属高校将在河北省适当扩大本科招生规模。京津冀三地逐步推进高等教育教学科研资源共享，建立学生课程互选、学分互认协商机制，推进基础教育优质数字化教学资源共享。同时，加强京津冀职业教育实训基地共建，支持有条件的优质高等教育和职业教育资源到津冀举办分校或校区。河北省、天津市和教育部签署协议，启动三方共建河北工业大学工作。京津冀高校间的协同发展全面提速与深化，河北省认定的教育协同创新中心达到 18 个，吸纳京津冀三地的高校有 18 所、科研院所 26 个。

第二，京津冀交通一体化方面取得明显进展。2015 年底，天津互通卡上印有“交通联合”标示，京津冀一卡通实现互联互通试运营，居民可在北京、天津，河北省石家庄、保定、沧州、邯郸共 6 座城市乘坐公交车，真正实现异地刷卡乘车。京津冀地区形成了“四纵四横一环”路网格局，打造“轨道上的京津冀”，规划新建的 24 条城际线，2015 年，京津冀三地优先建设 8 个城际铁路项目，线路的总规模达到1 012 公里，其中北京 268 公里、天津 167 公里，河北省公里数最长为 577 公里。

第三，京津冀三地卫生医疗一体化取得明显进展。北京积水潭医院与崇礼县医院签订了意向性合作协议，崇礼县医院成为积水潭医院对口支持医院，纳入积水潭骨科医联体，促进了京张两地医疗卫生资源的全面合作，通过托管、合作共建，帮助和提升了郊区县医疗机构服务能力和管理水平。河北与京津医疗机构建立合作关系的二级以上医疗机构已达 249 家、合作项目 377 个。

(3) 生态政策成效

京津冀三省市在大气治理和环境建设等领域取得明显进展。京津冀协同发展的生态政策成效主要内容可表述为：

京津冀三地围绕生态共建共享，签署了一系列生态保护合作协议，持续推动了大气污染联防联控、生态过渡带共建等工作。河北高度重视生态环境建设，统筹推进山水林田湖海生态修复。张承两地作为京津冀水源涵养功能区，不断严格落实水资源保护、水源地保护政策，并继续抓好植树造林，扎实推进风沙源治理等重大生态工程。京津冀三地已签订大气污染防治合作协议，2015 年北京市投入 4.6 亿元支持河北省的廊坊市、保定市的大气治理。天津投入 4 亿元支持唐山、沧州的大气污染治理工作。2015 年上半年，京津冀三地压减燃煤 1 021 万吨，水泥产能 150 万吨，平板玻璃 300 万重量箱，推广应用新能源车 2.21 万辆，京津已全部淘汰黄标车。京津冀区域 PM2.5 平均浓度为 78 微克/立方米，同比下降 22.1%。

1.2.3 研究动态评述

在现有的京津冀协同发展评价体系研究中，其研究思路、评价方法在京津冀协同发展实践中起到了良好的指导作用。这些研究成果为开展本项研究奠定了良好基础。从有关研究成果的理论深度分析：

其一，有关京津冀协同发展思路的研究。科技、产业、生态环保、交通、教育等一批专项规划，为响应《京津冀协同发展规划纲要》和《“十三五”时期京津冀国民经济和社会发展规划》，加快推进京津冀协同发展提供了有利的政策支撑。同时学术界从科技、经济产业或者生态环境等单一研究领域视角，评价京津冀协同发展现状，探索破解京津冀协同发展难题的途径和对策建议。但是，京津冀协同发展不应仅局限于科技、经济产业、生态环境等单一研究视角考虑，如何结合京津冀的具体区情因素，因地制宜，创新京津冀协同发展的研究思路，推进京津冀协同发展实践，保障实现京津冀各地的经济社会发展目标，有待进一步研究。

其二，有关京津冀协同发展评价体系的研究。总体来看，京津冀协同发展评价受制于法律规则、政治选择、制度安排、经济发展、社会治理、生态约束以及文化因素，评价体系的建立和完善需要一个长期过程。目前京津冀协同发展评价体系主要是根据科技、经济产业、生态环境等单一研究视角，建立评价指标体系，构建评价的目标函数与复杂模型。但现有的评价体系更加注重技术层面的设计，不仅模型过于复杂化，而且无法与京津冀地区的经济社会发展目标相适应。如何创新提出与京津冀区情、经济社会发展目标相适应的京津冀协同发展评价理论框架体系，据此构建有效、实践可操作的京津冀协同发展评价方法，有待进一步研究。

京津冀协同发展实践表明，科技资源、经济社会资源、生态环境资源是建立京津冀协同发展不可替代的关键要素。京津冀协同发展的根本要靠创新驱动，经济产业转型升级是京津冀协同发展的实体内容和关键支撑，生态环境建设是京津冀协同发展的重要保障。因此，科技创新、经济发展、社会治理与生态环境建设是影响京津冀协同发展的具体区情因素。为此，必须根据京津冀的具体区情因素，创新设计与京津冀经济社会发展目标相适应的协同发展评价体系，因地制宜探索京津冀协同发展的实施路径，提出提升京津冀协同发展能力的对策建议，加快推进京津冀协同发展。

1.3 研究内容

1.3.1 研究对象

通过对国内外文献的梳理，可以清晰地看到，京津冀协同发展实践不是自发的，而是存在一系列阻碍其有效运作的因素。京津冀协同发展评价，不仅仅是提供评价技术解决方案的问题，还需要更宽阔的视野、更系统的分析和更基础性的研究提供战略框架。本研究努力提供一种系统的思考，将"京津冀协同发展评价体系与对策"作为具体研究对象，基于复合系统理论框架，将北京、天津、河北分别作为京津冀复合系统中的一个独立系统，综合考虑京津冀地区的区情，将京津冀的具体区情因素（如科技创新、经济发展、社会治理与生态环境建设等）分别作为各个独立系统中的一个子系统，以科技—经济—社会—生态四个子系统之间的持续协调发展，来加快推进北京、天津、河北三个独立系统之间的协同发展，从而形成对京津冀协同发展评价体系的深刻认识。

1.3.2 研究框架

本研究主要包括四大模块：京津冀协同发展研究动态梳理与评述（模块一）、京津冀具体区情评价体系设计（模块二）、京津冀协同发展评价方法研究（模块三）与实证研究（模块四）。本研究总体框架的组织逻辑如图 1.1 所示。

模块一：对京津冀协同发展评价实践与理论方法进行文献搜集或开展京津冀实地调研，深化认识京津冀协同发展的国际经验，进行京津冀协同发展研究动态梳理与评述，总结京津冀协同发展评价方法的思路和特征。

模块二：在复合系统理论框架指引下，综合考虑京津冀地区的具体区情因素（如科技创新、经济发展、社会治理与生态环境建设等），创新提出新的与京津冀经济社会发展目标相适应的京津冀协同发展评价体系，包括京津冀科技创新评价体系、京津冀经济发展评价体系、社会治理评价体系、京津冀生态环境建设评价体系。在此基础上，评价"十二五"期间京津冀科技创新综合指数、经济发展综合指数、社会治理综合指数、生态环境建设综合指数。

模块三：对京津冀科技创新、经济发展、社会治理、生态环境建设的评价指标体系进行集成，创新京津冀协同发展评价指标体系，对"十二五"期间京津冀科技创新

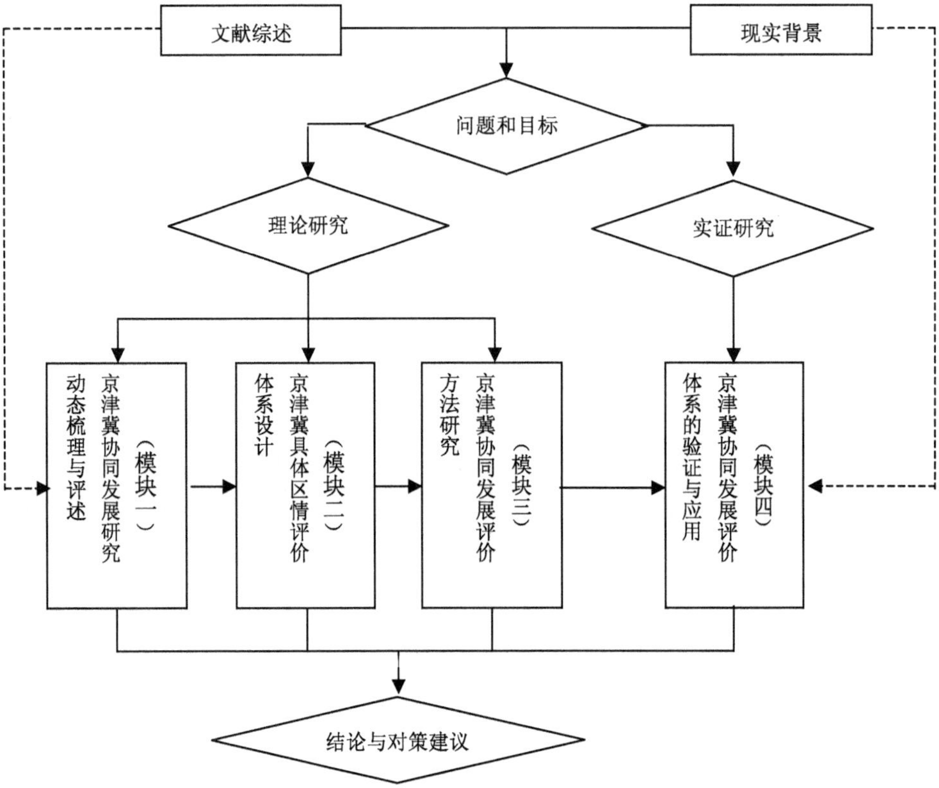

图 1.1　课题研究的总体框架示意图

的经济社会生态效应进行综合评价。在此基础上，构建京津冀协同发展评价方法，动态评估和比较分析“十二五”期间京津冀经济社会发展科技—经济—社会—生态协调发展程度，综合评价“十二五”期间京津冀协同发展效度及其协同发展能力。

模块四：对京津冀协同发展评价体系进行实证研究，判别“十二五”期间京津冀科技—经济—社会—生态协调发展的差异性，剖析其对京津冀协同发展效度以及京津冀协同发展能力的影响，进一步验证京津冀协同发展评价方法的科学性与可行性。并因地制宜探索京津冀协同发展的实施路径与对策建议，进一步优化京津冀科技创新的资源配置空间布局、促进京津冀经济产业结构的转型升级、加强京津冀生态环境的建设保护，加快推进京津冀协同发展。

1.3.3　研究重点难点

本研究需要解决的重点难点主要分布在模块二、模块三和模块四，即课题的理论和实证研究部分，具体包括两个方面的问题：

（1）京津冀协同发展评价体系研究。京津冀协同发展评价体系构建是动态评估京津冀科技—经济—社会—生态协调发展程度、综合评价京津冀协同发展效度及其协同发展能力的主要依据。如何创新设计与京津冀区情、经济社会发展目标相适应的京津冀协同发展评价体系与方法，将是本项研究面临的一个难题，有待在本项研究进展中进行摸索。

（2）京津冀协同发展评价方法的验证与应用。京津冀协同发展评价结果是指导和推进京津冀协同发展实践的重要途径和办法。如何利用构建的京津冀协同发展评价方法指导京津冀协同发展实践，这是保证方法应用性的重要一环。本研究先以“十二五”期间京津冀协同发展实践与经验事实作为佐证，为评价方法验证创造条件，然后修正评价方法，因地制宜提出京津冀协同发展实施的政策建议。

1.3.4　研究目标

本项研究旨在探索在京津冀区情与经济社会特征下，如何创新京津冀协同发展研究思路，设计新的京津冀协同发展评价体系与方法，提高评价体系的可操作性，为建立健全京津冀协同发展政策制度提供重要的理论依据和技术支撑。围绕这一中心目标，课题研究内容可以分解为两个研究目标：

（1）创新京津冀协同发展的研究思路与评价体系。本研究创新提出新的与京津冀区情、经济社会发展目标相适应的京津冀协同发展研究思路，设计一套行之有效的京津冀协同发展评价体系，构建京津冀协同发展评价方法。采用“京津冀协同发展研究动态梳理与评述—京津冀区情评价体系设计—京津冀科技创新的经济社会生态效应评价—京津冀协同发展效度及其协同发展能力评价”的研究思路，进行京津冀协同发展评价。本项研究成果有利于提高京津冀协同发展评价的科学性和实用性。

（2）为京津冀协同发展实践提供借鉴。本研究通过整理“十二五”期间京津冀地区的具体区情资料（如科技创新、经济发展、社会治理与生态环境建设等资料），针对“十二五”期间京津冀协同发展评价开展实证研究。根据“十二五”期间京津冀协同发展实践，对京津冀协同发展评价方法进行验证与修正，探寻与京津冀经济社会发展目标相适应的协同发展评价方法。同时，因地制宜提出京津冀协同发展实施的政策建议。本研究成果对京津冀开展协同发展评价提供实践借鉴，为政府管理部门建立健全京津冀协同发展政策制度提供决策参考。

1.4 研究思路与方法

1.4.1 研究思路

本项研究的基本思路如图 1.2 所示。

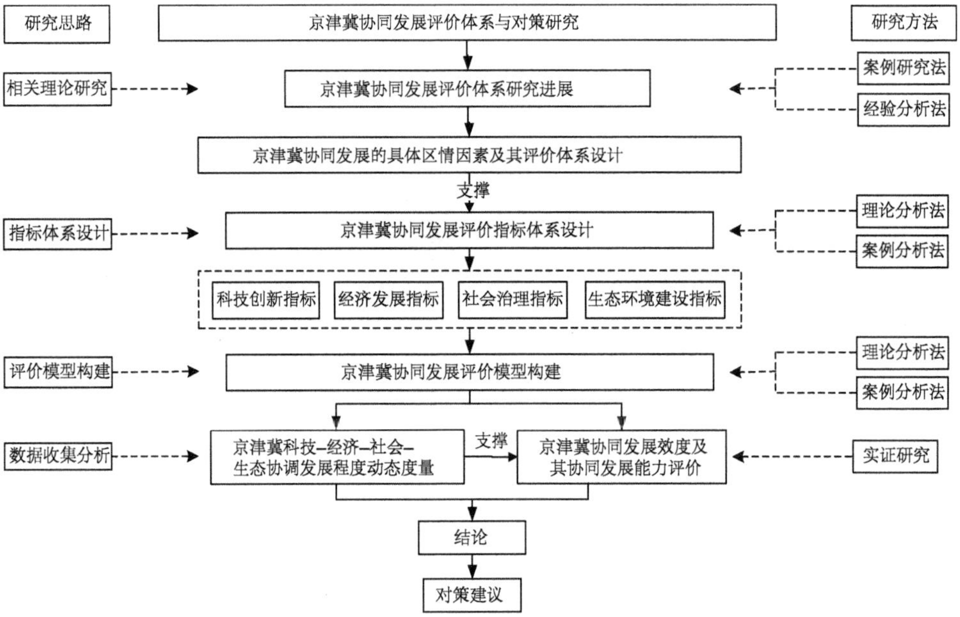

图 1.2　本项研究的基本思路技术路线图

1.4.2 研究方法

（1）案例研究与经验分析法。针对京津冀地区广泛搜集资料或开展实地调研，全面梳理京津冀协同发展评价理论与实践成果，总结京津冀协同发展评价的思路和特征，为完善京津冀协同发展评价理论框架体系构建铺垫基础。

（2）理论模型方法。借鉴国内外区域协同发展评价的相关理论成果与实践案例应用，对京津冀协同发展评价体系进行设计。利用决策理论，采用由简到繁的建模技术，构建京津冀协同发展评价方法，包括京津冀科技—经济—社会—生态协调发展程度动态度量模型、京津冀协同发展效度评价模型、京津冀协同发展能力综合评价模型。

(3) 实地调查和实证研究法。利用设计的京津冀协同发展评价体系，实地调查“十二五”期间京津冀协同发展实践，对相关管理部门进行访谈和调研，广泛搜集和整理“十二五”期间京津冀社会经济发展特征、科技创新情况、生态环境特征等基础资料，获取评价方法所需要的相关数据和资料，检验评价方法的科学性与可行性，并对评价方法的合理性进行修正。

1.4.3　研究创新点

本项研究属于应用基础研究，其主要特点和创新之处体现在以下三个方面：

第一，前瞻性。京津冀协同发展评价的理论研究，一般滞后于京津冀协同发展实践，是对实践进行反思和总结的产物。本项研究由于构筑在京津冀协同发展实践和文献基础之上，提出与京津冀区情、经济社会发展目标相适应的协同发展评价体系，可以对京津冀协同发展实践提出有指导意义的管理理论和分析工具。

第二，应用性。本项研究强调模型方法和先进技术手段的应用，是关于京津冀协同发展评价理论的系统性和定量化的研究。本项研究坚持理论研究与实证研究相结合的技术路线，构建科学合理的京津冀协同发展评价指标体系与方法，提出的理论方法在京津冀地区进行验证和应用，对于支撑今后的京津冀协同发展评价实践有较高的理论价值。

第三，基础性。本项研究力求在理论上有所突破和创新，推进京津冀协同发展实践。结合京津冀协同发展实践，创新京津冀协同发展评价的研究思路，通过京津冀协同发展评价指标体系的设计与评价方法的构建，为促进京津冀协同发展提供科学依据。

第二篇

京津冀具体区情评价体系设计

2 京津冀科技创新评价体系

2.1 科技创新现状评价

2.1.1 科技创新规模评价

2.1.1.1 科技创新投入规模

(1) 科技人力投入规模

1) 区域R&D人员全时当量

区域R&D人员全时当量指该区域R&D全时人员数加非全时人员按工作量折算为全时人员数的总和，为国际可比指标，能够反映一个地区有效的科技人力投入规模。2009—2015年京津冀地区R&D人员全时当量变化趋势见图2.1。

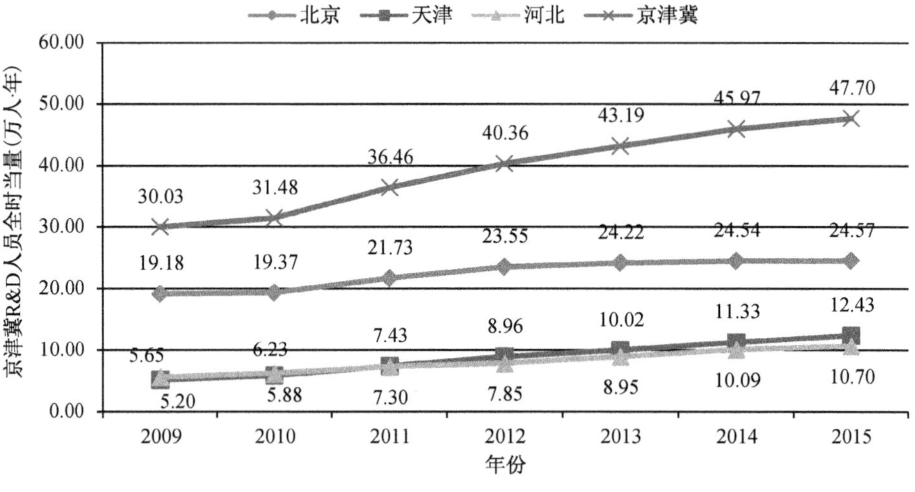

注：指标数据来源于《中国科技统计年鉴2010—2016》。

图2.1 2009—2015年京津冀R&D人员全时当量变化趋势

由图 2.1 可以看出，2009—2015 年京津冀 R&D 人员全时当量的规模呈逐年递增态势，六年间实现增幅 17.67 万人・年，增长率达 58.8%，从 2009 年的 30.03 万人・年增长到 2015 年的 47.70 万人・年；就规模变化幅度来看，R&D 人员全时当量的增幅先涨后跌，2010 年相比 2009 年增长 1.447 万人・年后，2010—2011 年实现最大增幅，4.978 万人・年，之后增幅逐年降低，2011—2012 年相比 2010—2011 年、2012—2013 相比 2011—2012 年、以及 2014—2015 相比 2013—2014 年增幅均降低 1 万人・年左右，但 2014—2015 年的增幅仍超过 2009—2010 年增幅 0.3 万人・年左右。

细化到北京、天津、河北各地市来看，2009—2015 年北京、天津、河北的 R&D 人员全时当量均实现逐年递增，其中，北京市的规模远高于天津市和河北省，天津市在 2009、2010 年 R&D 人员全时当量的数量略低于河北省，但从 2011 年开始超过河北省，且其与河北省的差距逐渐增大；就增幅来看，2009—2015 年间天津市增幅最大，为 7.23 万人・年，2015 年 R&D 人员全时当量相比 2009 年翻了一番以上，增长率达到 138.9%，其次增幅绝对量较大的是北京，为 5.39 万人・年，但由于其基数较大，即 2009 年 R&D 人员全时当量的水平已经处于较高水平，因此其增长率仅有 28.1%，低于增幅仅为 5.05 万人・年的河北的 58.8%的增长率，京津冀三地区的 R&D 人员全时当量分别从 2009 年的 19.18 万人・年、5.20 万人・年、5.65 万人・年增长到 2015 年的 24.57 万人・年、12.43 万人・年和 10.70 万人・年；就各年情况来看，除河北省在 2011—2012 年间增幅出现较大下降(0.551 万人・年的增幅)，三地区 2009—2011 年基本均呈现出增幅逐年递增，2011—2015 年增幅逐年递减的状态，其中最小增幅为北京市的 2014—2015 年，340 人・年，其次是 2013—2014 年的 3 210 人・年，最大增幅也出现在北京，是 2010—2011 的 2.354 万人・年的增幅，同时由于北京基数较大，即每年的 R&D 人员全时当量都远超天津、河北，因此除增幅较多的 2010—2011 年、2011—2012 年分别实现12.1%和8.4%的增长率外，其余年份增长率均在 0.1%～3%之间，低于天津市和河北省。

2) 区域高技术产业 R&D 人员折合全时当量

区域高技术产业 R&D 人员折合全时当量是指该区域在高技术产业中 R&D 全时人员数加非全时人员按工作量折算为全时人员数的总和，反映了一个地区在生产高技术产品、研发投入高、研发人员比重大的产业群中有效的科技人力投入的规模。2009—2015 年京津冀地区高技术产业 R&D 人员折合全时当量变化趋势见图 2.2。

由图 2.2 可以看出，2009—2015 年京津冀高技术产业 R&D 人员折合全时当量整体呈上涨趋势，六年间共增长 3.45 万人・年，实现增长率 131.7%，从 2009 年

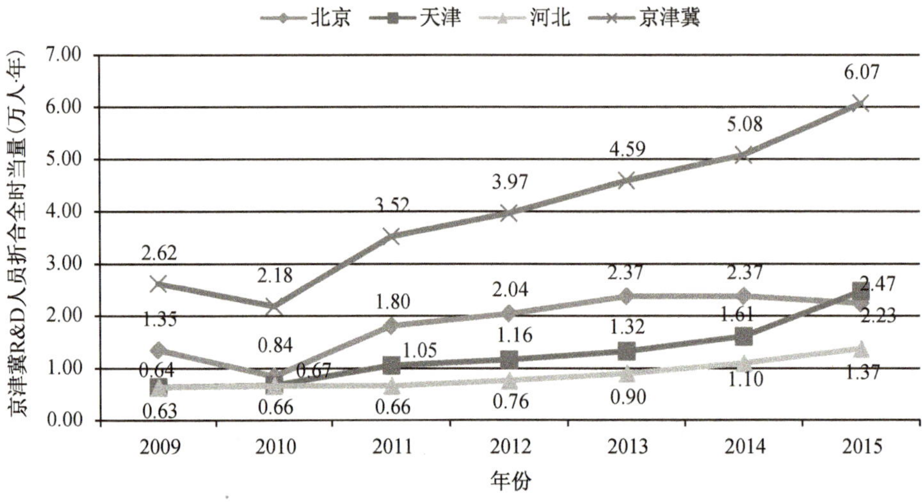

注：指标数据来源于《中国高技术产业统计年鉴 2010—2016》。

图 2.2　2009—2015 年京津冀高技术产业 R&D 人员折合全时当量变化趋势

的 2.62 万人·年增长到 2015 年的 6.07 万人·年；就规模变化情况来看，京津冀高技术产业 R&D 人员折合全时当量仅 2009—2010 年出现 4 370 人·年的降幅，2010 年开始即实现了稳步的增长，其中以 2010—2011 年增幅最大，一年增长 1.338万人·年，其次是 2014—2015 年 9 940 人·年的增幅，其余年份增幅较为平稳，平均每年实现 5 000 人·年的增幅。

细化到北京、天津、河北各地市来看，2009—2015 年北京、天津、河北的高技术产业 R&D 人员全时当量整体呈递增趋势，其中，北京市的规模除 2015 年，其他年份均高于天津市和河北省，天津市的规模高于河北省且差距逐年递增，并于 2015 年超过北京市；就增幅来看，2009—2015 年间天津市增幅最大，为 1.826 万人·年，2015 年 R&D 人员全时当量相比 2009 年翻了两番，增长率达到 285.3%，北京和天津的增幅相近，分别为 8 890 人·年和 7 360 人·年，由于北京 2009 年高技术产业 R&D 人员全时当量已达到较高水平，接近河北省 2015 年的规模，从而导致其 66%的增长率小于河北省 116.1%的增长率，京津冀三地区的高技术产业 R&D 人员全时当量分别从 2009 年的 1.35 万人·年、0.64 万人·年、0.63 万人·年增长到 2015 年的 2.23 万人·年、2.47 万人·年和 1.37 万人·年；就各年情况来看，北京市在 2009—2010 年和 2014—2015 年出现了下降，降幅分别为 5 020 人·年和 1 400人·年，且 2009—2010 年较大的降幅对应京津冀高技术产业 R&D 人员折合全时当量唯一出现下降的年份，除此之外，京津冀各省市均实现逐年递增，增幅最大的是 2010—2011 年北京的 9 610 人·年，其次是 2014—2015 年天津市 8 600 人·年的增幅，因此天津市在 2015 年高技术产业 R&D 人员全时当量规模赶超北京市，其余年份京津冀高技术产业 R&D 人员全时当量的规模均保持了北京大于天津、天津大于河北的状态。

综合京津冀总体科技人力投入规模及高技术产业科技人力投入规模可以发现，2009—2015 年京津冀区域总体科技人力投入规模及高技术产业科技人力投入规模整体呈上升趋势，但高技术产业的科技人力投入相比区域总体波动较大，其原因在于北京市高技术产业科技人力投入规模的较大波动；细化到各省市可以发现，2009—2015 年北京市科技人力投入，以及天津市和河北省科技人力投入、高技术产业科技人力投入实现逐年递增，北京市高技术产业科技人力投入规模则出现两年下降现象，且虽然北京市总体科技人力投入规模远超天津、河北，但高技术产业的科技人力投入规模却与天津、河北相近，并于 2015 年被天津赶超。

(2) 科技财力投入规模

1) 区域 R&D 经费投入强度

区域 R&D 经费投入强度是指区域 R&D 经费内部支出与地区生产总值的比值，为消除区域间经济发展水平差异的科技财力投入的衡量指标，2009—2015 年京津冀地区 R&D 经费投入强度变化趋势见图 2.3。

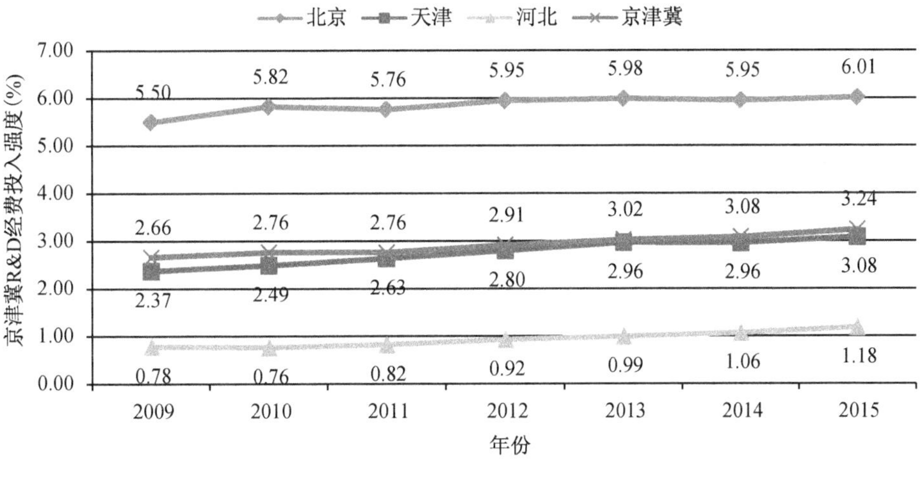

注：指标数据来源于《中国科技统计年鉴 2010—2016》。

图 2.3　2009—2015 年京津冀 R&D 经费投入强度变化趋势

由图 2.3 可以看出，2009—2015 年京津冀 R&D 经费投入强度整体呈缓慢递增趋势，六年间增长 0.58 个百分点，实现增长率 22%，由 2009 年的 2.66%增长到

2015 年的 3.24%；就增幅来看，2009—2015 年京津冀 R&D 经费投入强度增幅呈波动状态，其中以 2014—2015 年和 2011—2012 年增幅最大，分别实现 0.16 个百分点和 0.15 个百分点的增幅，其次是 2013—2014 年的 0.06 个百分点，最差为 2010—2011 年，R&D 经费投入强度出现轻微下降，但降幅不足 0.01 个百分点。

细化到北京、天津、河北各地市来看，2009—2015 年北京市 R&D 经费投入强度在 2009—2010 年实现 0.32 个百分点的较大增幅后，基本保持在 5.9%左右的稳定水平，该水平远超京津冀总体及天津、河北的 R&D 经费投入强度水平；天津市除 2013—2014 年出现 0.01 个百分点的降幅外，其余年份基本实现 0.05 个百分点左右的增幅，六年间共增长 0.71 个百分点，由 2009 年的 2.37%增长到 2015 年的 3.08%，R&D 经费投入强度与京津冀总体的 R&D 经费投入强度基本持平；河北省 R&D 经费投入强度水平最低，且与北京、天津差距较大，平均相差 4.92 个百分点和 1.82 个百分点，六年间增幅也较北京（0.51 个百分点）、天津（0.71 个百分点）小，仅实现 0.4 个百分点的增幅，且在 2009—2010 年出现 0.02 个百分点的下降，其余年份增幅较为稳定，2010—2015 年，每年分别实现 0.06 个百分点、0.1 个百分点、0.07 个百分点、0.07 个百分点和 0.12 个百分点的增幅。

2）区域高技术产业 R&D 经费内部支出

区域高技术产业 R&D 经费内部支出是指一个区域内用于高技术产业内部开展 R&D 活动的实际支出，反映该区高技术产业的科技财力投入情况。2009—2015 年京津冀地区高技术产业 R&D 经费内部支出变化趋势见图 2.4。

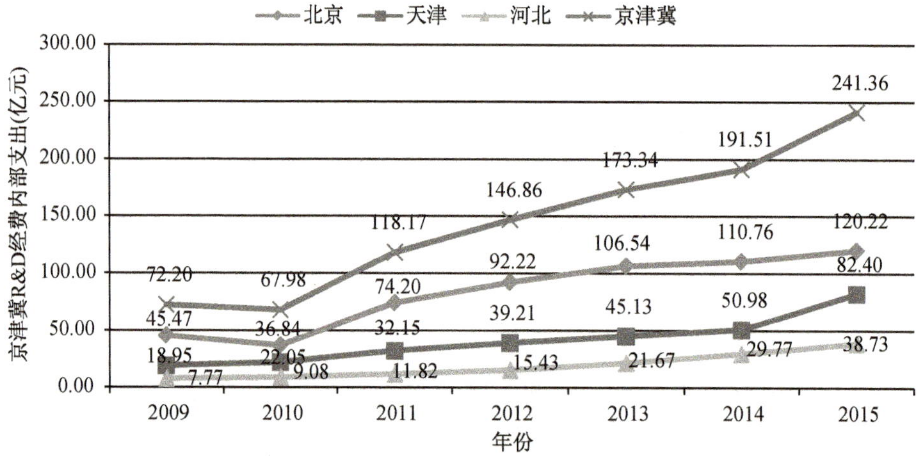

注：指标数据来源于《中国高技术产业统计年鉴 2010—2016》。

图 2.4　2009—2015 年京津冀高技术产业 R&D 经费内部支出变化趋势

由图 2.4 可以看出，2009—2015 年京津冀高技术产业 R&D 经费内部支出整体呈上涨趋势，六年间共增长 169.17 亿元，实现增长率 234%，从 2009 年的 72.2 亿元增长到 2015 年的 241.36 亿元。就规模变化情况来看，京津冀高技术产业 R&D 经费内部支出仅 2009—2010 年出现 4.22 亿元的降幅，2010 年开始即实现了稳步的增长。其中以 2010—2011 年增幅最大，一年增长 50.19 亿元；其次是 2014—2015 年 49.86 亿元；再次是 2011—2013 年间，平均每年实现 27.59 亿元的增幅；然后是 2013—2014 年的 18.16 亿元的增幅。

细化到北京、天津、河北各地市来看，2009—2015 年北京、天津、河北的高技术产业 R&D 经费内部支出整体呈递增趋势，其中，北京市的规模最大，其次是天津，最后是河北，且北京与天津的差距呈先增后减状态，天津与河北的差距存在递增趋势。就增幅来看，2009—2015 年间北京市增幅最大，达 74.75 亿元，2015 年经费投入是 2009 年的 2.6 倍；其次是天津，实现增幅 63.45 亿元，2015 年比 2009 年翻了两番以上；最后是河北，实现增幅 30.96 亿元，由于 2009 年基数较低，2015 年河北省高技术产业 R&D 经费内部支出达到 2009 年的将近 5 倍。就各年情况来看，北京市在 2009—2010 年出现了下降，降幅为 8.63 亿元，对应京津冀高技术产业 R&D 经费内部支出唯一出现下降的年份，除此之外，京津冀各省市均实现逐年递增，增幅最大的是 2010—2011 年北京的 37.36 亿元，其次是 2014—2015 年天津市 31.42 亿元的增幅。

综合京津冀总体科技财力投入规模及高技术产业科技财力投入规模可以发现，2009—2015 年京津冀区域总体科技人力投入规模及高技术产业科技人力投入规模整体呈上升趋势，但高技术产业的科技财力投入 2009—2010 年出现明显下降，其原因在于北京市高技术产业科技财力投入规模的变动；细化到各省市可以发现，2009—2015 年北京市科技人力投入，以及天津市和河北省科技财力投入、高技术产业科技财力投入实现逐年递增，而北京市高技术产业科技财力投入规模 2009—2010 年则出现下降现象，且北京市总体科技财力投入规模远超天津、河北，但在高技术产业的科技财力投入规模上，与天津、河北的差距有所拉近。这与 2009—2015 年京津冀科技人力投入规模及变化情况有所对应，同时反映出北京市对高技术产业的重视度相对天津、河北较弱。

2.1.1.2　科技创新产出规模

(1) 科技创新直接产出规模

区域专利申请授权数是指该区域对发明人的发明创造经审查合格后，由专利局依据专利法授予发明人和设计人对该项发明创造享有的专有权数量，代表了有效的科技直接产出。2009—2015年京津冀专利申请授权数变化趋势见图2.5。

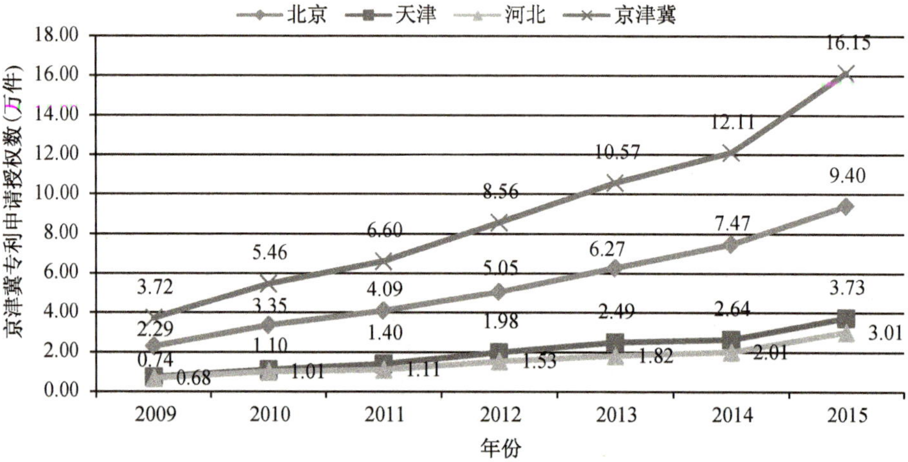

注：指标数据来源于《中国科技统计年鉴2010—2016》。

图2.5 2009—2015年京津冀专利申请授权数变化趋势

由图2.5可以看出，2009—2015年京津冀专利申请授权数呈持续增长状态，且增幅可观，六年间增长12.43万件，实现增长率335%，由2009年的3.72万件增长到2015年的16.15万件，规模翻了两番；其中仅2014—2015年一年京津冀总体的专利申请授权数即增长4.04万件，其次增幅较大的为2012—2013年的2.01万件和2011—2012年的1.96万件，2009—2010年和2013—2014年分别实现增幅1.74万件和1.54万件，增幅最小的为2010—2011年，1.14万件。

细化到北京、天津、河北各地市来看，2009—2015年北京、天津、河北专利申请授权数均保持稳定增长状态，其中北京市年均增幅较大（1.19万件），且规模远超天津、河北，天津、河北的增长则相对平稳，年均增幅为0.5万件和0.39万件，天津市专利申请授权数虽大于河北，但两区域规模相近，北京市与天津市的差距以及天津市与河北省的差距均有所拉大；就各年情况来看，2009—2015年京津冀各地区增幅呈波动状态，且北京市各年增幅均大于天津市，天津市各年增幅均大于河北省，其中以2014—2015年北京、天津、河北专利申请授权数增幅最大，分别实现增幅1.94万件、1.1万件和1万件，对应京津冀总体最大年增幅4.04万件。

通过分析可知，2009—2015年由专利申请授权数所代表的京津冀科技直接产出规模保持了稳定客观的增幅，且在规模方面和增幅方面，北京市都远超天津市和河北省，天津市则高于河北省，从而导致北京与天津的规模差距以及天津与河北的规模差距被逐渐拉大。说明京津冀自主创新能力的不断提升主要来源于北京市自主创新能力的提升，天津、河北的贡献相对较小。

(2) 科技创新间接产出规模

1) 技术市场技术输出地域合同金额

技术市场技术输出地域合同金额是指产生技术成果的区域在市场上所签订的技术成果交易合同的金额，反映该区域技术成果市场化情况。2009—2015 年京津冀技术市场技术输出地域合同金额变化趋势见图 2.6。

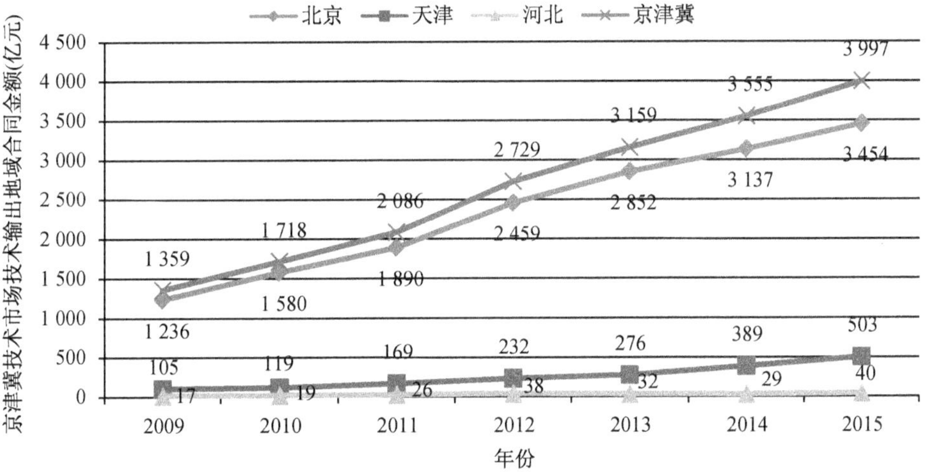

注：指标数据来源于《中国科技统计年鉴 2010—2016》。

图 2.6　2009—2015 年京津冀技术市场技术输出地域合同金额变化趋势

由图 2.6 可以看出，2009—2015 年京津冀技术市场技术输出地域合同金额保持了稳步增长，年均增幅 439.67 亿元，六年间共增长 2 638 亿元，实现增长率 194%，从 2009 年的 1 359 亿元增长到 2015 年的 3 997 亿元，其中 2011—2012 年增幅最为突出，一年增长量达 643 亿元，其余年份增幅均在 350～450 亿元。

细化到北京、天津、河北各地市来看，2009—2015 年北京市和天津市均保持了稳步增长，河北省除在 2012—2014 年出现了小幅下降外，其余年份也实现了一定的增长，且北京市技术市场技术输出地域合同金额规模远超天津、河北，天津市技术市场技术输出地域合同金额也高于河北；从增幅来看，北京市年均增幅 369.67 亿元，同样远高于天津市 66.33 亿元和河北省 3.83 亿元，从而导致三地区间差距逐渐扩大，北京与天津、天津与河北技术市场技术输出地域合同金额从2009年1 131亿元和88亿元的差距，增长到2015年2 951亿元和463亿元的差距；就各年情况来看，北京市技术市场技术输出地域合同金额2011—2012年实现最大增幅569亿元，其余年份增幅稳定在280～400亿元之间，与京津冀总体技术市场技术输出地域合同金额增长变动情况相符，天津市技术市场技术输出地域合同金额每年增幅整体呈递增状态，从2009—2010年的14亿元的增幅增长到2014—2015年的114亿元的增幅，河北省技术市场技术输出地域合同金额的增幅存在波动现象，但最大增幅与京津冀总体和北京市最大增幅出现时期相同，在2011—2012年，一年实现增幅12亿元，其次是2014—2015年的11亿元，2012—2013年则出现6亿元的最大降幅。

2）区域高技术产业新产品销售收入

区域高技术产业新产品销售收入是指该区域高技术产业内销售采用新技术原理、新设计构思研制、生产的全新产品，或在结构、材质、工艺等某一方面比原有产品有明显改进，从而显著提高了产品性能或扩大了使用功能的产品实现的销售收入，反映该区域高技术产业创新成果市场化情况。2009—2015年京津冀高技术产业新产品销售收入规模变化趋势见图2.7。

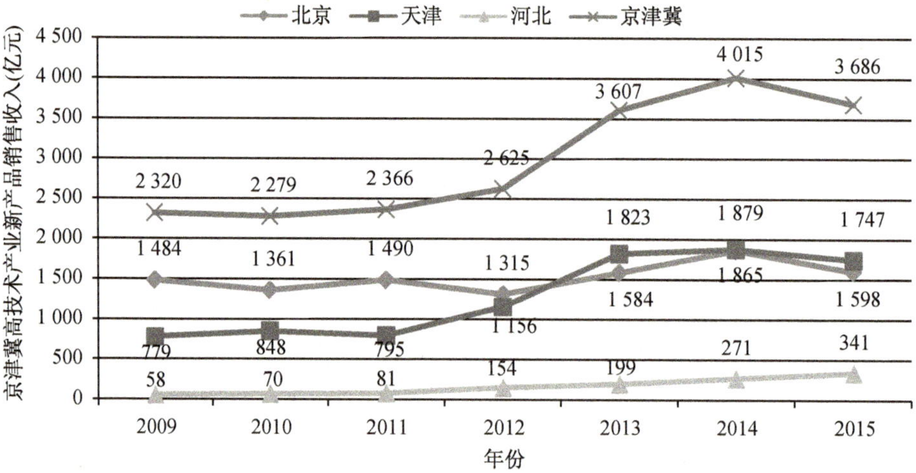

注：指标数据来源于《中国高技术产业统计年鉴2010—2016》。

图2.7　2009—2015年京津冀高技术产业新产品销售收入变化趋势

由图2.7可以看出，2009—2015年京津冀高技术产业新产品销售收入经历小幅下降、缓慢增长、加速增长、增速放缓、较大幅下降五个阶段，总体上看，六年间增长 1 366 亿元，实现增长率 59%，从 2009 年的 2 320 亿元增长到 2015 年的3 686亿元。其中增幅较大的年份是 2012—2013 年的 982 亿元和 2013—2014 年的 408 亿元，增幅较缓的年份是 2010—2012 年，年均增幅 173 亿元，出现下降的年份分别是 2014—2015 年和 2009—2010 年，降幅分别为 329 亿元和 41 亿元。

细化到北京、天津、河北各地市来看，2009—2015 年北京市高技术产业新产品销售收入在 1 315 亿元到 1 865 亿元区间内上下波动，其中 2014 年达到最大值1 865亿元，2012 年处于最低值 1 315 亿元，2015 年相比 2009 年增长 114 亿元，增长率仅 8%；2009—2015 年天津市高技术产业新产品销售收入变动趋势类似京津冀总体，基本经历缓慢增长、加速增长、增速减缓及下跌四个阶段，其中 2009—2011 年为缓慢增长阶段，实现增幅 16 亿元，2011—2013 年为加速增长阶段，两年增幅分别达到 361 亿元和 667 亿元，2013—2014 年为增速减缓阶段，一年仅实现增幅 56 亿元，2014—2015 年为下跌阶段，跌幅为 132 亿元，六年间总体增长 968 亿元，实现增长率 124%；2009—2015 年河北省高技术产业新产品销售收入规模虽远低于北京、天津，但实现了稳步增长，年均增幅 47.17 亿元，六年间共增长 283 亿元，2015 年高技术产业新产品销售收入是 2009 年的 5.9 倍左右。

综合对 2009—2015 年京津冀科技直接产出和间接产出规模变化趋势分析可以发现，无论是自主创新能力还是科研成果产业化能力，京津冀总体以及各地市均呈现增长趋势，且京津冀总体及北京的增幅较为可观，就规模来看，北京市的科技产出规模远超天津、河北，天津市的规模大于河北，且三地区间差距呈扩大趋势；从高技术产业情况出发，无论是规模还是规模变化情况，京津冀总体及北京、天津均出现波动状况，北京市的高技术产业科技产出规模从 2013 年开始被天津赶超，河北省的高技术产出虽依然处于最低水平，但实现了逐年稳步递增。

2.1.2 科技创新效率评价

2.1.2.1 科技创新效率评价模型

(1) 基于 DEA 的静态评价模型

在规模报酬不变的条件下，采用 DEA 法，评价不同时期区域科技创新的总体效率，模型可表示为

$$\min[\theta-\varepsilon(e^{\mathrm{T}}s^{-}+e^{\mathrm{T}}s^{+})]$$

$$\begin{cases}\sum_{j=1}^{n}\lambda_j x_{ij}+s^{-}=\theta x_{ij_0}\\ \sum_{j=1}^{n}\lambda_j y_{rj}-s^{+}=y_{rj_0}\\ \lambda_j\geqslant 0,j=1,2,\cdots,n\\ s^{+}\geqslant 0,s^{-}\geqslant 0\end{cases}\tag{2.1}$$

式中：x_{ij} 为区域第 i 个科技创新投入指标在第 j 个时期的指标值；y_{rj} 为区域第 r 个科技创新产出指标在第 j 个时期的指标值；λ_j 为科技创新投入产出指标的权重；s^{-}、s^{+} 为松弛变量；ε 为阿基米德无穷小；e 为单位向量；θ 为第 j_0 个时期区域科技创新投入产出的 DEA 有效值。若对科技创新投入产出指标的权重限定，使得 $\sum_{\substack{j=1\\ j\neq j_0}}^{n}\lambda_j=1$，则模型变为规模报酬可变的情况。

在规模报酬不变的条件下，当 $\theta=1$，$s^{-}=s^{+}=0$ 时，第 j_0 个时期区域科技创新投入产出效率为 DEA 有效（规模报酬可变条件下的纯技术有效），即科技创新投入产出达到最优状态；当 $\theta=1$ 且 $s^{-}\neq 0$ 或 $s^{+}\neq 0$ 时，第 j_0 个时期区域科技创新投入产出效率为弱 DEA 有效（规模报酬可变条件下的纯技术有效），科技创新投入产出存在优化空间；当 $\theta<1$ 时，第 j_0 个时期科技创新投入产出效率为 DEA 无效（规模报酬可变条件下的纯技术无效），科技创新投入产出存在很大的优化空间。由科技创新投入产出总体效率=技术效率×规模效率，结合规模报酬不变和规模报酬可变情况下的 DEA 模型可以测算出区域科技创新投入产出的规模效率值。但该方法测算出的总体效率、纯技术效率和规模效率的取值均在[0，1]范围，评价结果中会出现不同时期的科技创新投入产出效率值均为 1，无法比较效率值优劣的情况。

在规模报酬可变条件下，用其他单元科技创新投入产出来线性表示被评价单元科技创新投入产出情况，即可解决效率取值限定在[0，1]内的局限性，这种方法称为超效率评价模型，其基本思想是：一个 DEA 有效的科技创新投入产出单元，可以按比例增加其投入，该比例即为超效率模型测算出的超效率值。

（2）基于 Malmquist 指数的动态评价模型

1）基于规模报酬不变的动态评价

区域科技创新投入产出效率的动态变化可通过全要素生产率指数（Total Factor productivity Change Index，简称 TFPch）来反映。在规模报酬不变的情况下，TFPch 可分解为技术效率变化指数（Technical Efficiency Change Index，简称 TEch）和技术进步变化指数（Technical Process Change Index，简称 TPch），模型可表示为

$$\begin{cases} TFPch = TEch \times TPch \\ TEch = \left[\dfrac{d_i^{t+1}(x_{t+1}, y_{t+1})}{d_i^t(x_t, y_{t+1})}\right] \\ TPch = \left[\dfrac{d_i^t(x_{t+1}, y_{t+1})}{d_i^{t+1}(x_{t+1}, y_{t+1})} \times \dfrac{d_i^t(x_t, y_t)}{d_i^{t+1}(x_t, y_t)}\right]^{\frac{1}{2}} \end{cases} \tag{2.2}$$

式中：$TFPch$ 表示全要素生产率变化指数，衡量一个区域的技术水平，当 $TFPch>1$ 时，表示该区域存在技术进步；当 $TFPch<1$ 时，表示该区域存在技术衰退；当 $TFPch=1$ 时，表示该区域技术水平没有变化。$TEch$ 表示技术效率变化指数，衡量相对技术效率的变化情况；$TPch$ 表示技术进步变化指数，衡量生产技术前沿的变化情况；x 和 y 分别为科技创新投入指标和产出指标；$d_i^t(x_{t+1}, y_{t+1})$ 为相比 t 时期的第 i 个决策单元在 $t+1$ 时期的科技创新投入产出效率水平。

2）基于规模报酬可变的动态评价

在规模报酬可变的情况下，技术效率变化指数可进一步分解为纯技术效率变化指数（Pure Technical Efficiency Change Index，简称 PEch）和规模效率变化指数（Scale Technical Efficiency Change Index，简称 SEch），模型可表示为

$$\begin{cases} TFPch = TEch \times TPch = PEch \times SEch \times TPch \\ TEch = \dfrac{d^{t+1}(x_{t+1}, y_{t+1} \mid C, S)/d^{t+1}(x_{t+1}, y_{t+1} \mid V, S)}{d^t(x_t, y_t \mid C, S)/d^t(x_t, y_t \mid V, S)} \times \left[\dfrac{d^{t+1}(x_{t+1}, y_{t+1} \mid V, S)}{d^t(x_t, y_t \mid V, S)}\right] \\ PEch = \dfrac{d^{t+1}(x_{t+1}, y_{t+1} \mid C, S)/d^{t+1}(x_{t+1}, y_{t+1} \mid V, S)}{d^t(x_t, y_t \mid C, S)/d^t(x_t, y_t \mid V, S)} \\ SEch = \dfrac{d^{t+1}(x_{t+1}, y_{t+1} \mid V, S)}{d^t(x_t, y_t \mid V, S)} \\ TPch = \left[\dfrac{d_i^t(x_{t+1}, y_{t+1})}{d_i^{t+1}(x_{t+1}, y_{t+1})} \times \dfrac{d_i^t(x_t, y_t)}{d_i^{t+1}(x_t, y_t)}\right]^{\frac{1}{2}} \end{cases} \tag{2.3}$$

式中：$PEch$ 表示纯技术效率；$SEch$ 表示规模效率；S 表示生产可能集；C 表示规模报酬不变，V 表示规模报酬可变；$d^t(x_t, y_t \mid C, S)$ 表示在 S 生产可能集和规模报酬不变的条件下，相对于 t 时期的科技投入产出效率水平，$d^t(x_t, y_t \mid V, S)$ 表示在 S 生产可能集下和规模报酬可变的条件下，相对于 t 时期的科技创新投入产出效率

水平。

2.1.2.2 科技创新效率静态评价

采用DEA模型，对2009—2015年京津冀科技创新效率进行测算。考虑到科技创新产出对其投入具有滞后效应，将科技创新产出相对于科技创新投入的时滞性设定为1年，即将科技创新投入指标数据设定为2009—2014年数据，将科技创新产出指标数据设定为2010—2015年数据。通过Deap2.1、EMS软件进行求解，得出2009—2015年京津冀科技创新效率及技术无效单元投入冗余与产出不足情况，见表2.1和表2.2。

表2.1 2009—2015年京津冀科技创新效率

地区	时间	总体效率	技术效率	规模效率	规模报酬情况
北京	2009—2010	0.847 5	0.849 0	0.999 0	递减
	2010—2011	1.836 2	1.000 0	1.000 0	不变
	2011—2012	0.925 1	0.928 0	0.997 0	递增
	2012—2013	0.948 2	0.951 0	0.997 0	递减
	2013—2014	1.000 5	1.000 0	1.000 0	不变
	2014—2015	1.227 7	1.000 0	1.000 0	不变
天津	2009—2010	0.962 6	1.000 0	0.963 0	递增
	2010—2011	0.867 2	1.000 0	0.867 0	递增
	2011—2012	0.890 4	0.967 0	0.921 0	递增
	2012—2013	1.110 3	1.000 0	1.000 0	不变
	2013—2014	0.985 2	0.998 0	0.988 0	递减
	2014—2015	1.039 5	1.000 0	1.000 0	不变
河北	2009—2010	0.999 5	1.000 0	1.000 0	不变
	2010—2011	0.945 1	1.000 0	0.945 0	递增
	2011—2012	1.078 7	1.000 0	1.000 0	不变
	2012—2013	0.996 5	0.998 0	0.998 0	递增
	2013—2014	0.867 6	0.871 0	0.996 0	递增
	2014—2015	1.044 2	1.000 0	1.000 0	不变
京津冀	2009—2010	0.960 4	0.971 0	0.990 0	递增
	2010—2011	1.214 0	1.000 0	1.000 0	不变

续表

地区	时间	总体效率	技术效率	规模效率	规模报酬情况
京津冀	2011—2012	0.971 2	0.981 0	0.990 0	递增
	2012—2013	1.008 9	1.000 0	1.000 0	不变
	2013—2014	1.074 4	1.000 0	1.000 0	不变
	2014—2015	1.309 1	1.000 0	1.000 0	不变

表 2.2　京津冀科技投入冗余产出不足情况表

地市	时间	产出不足				投入冗余		
		国内专利申请授权数(件)	技术市场技术输出地域合同金额(万元)	高技术产业新产品销售收入(万元)	R&D人员全时当量(人·年)	高技术产业R&D人员折合全时当量(人·年)	R&D经费投入强度(%)	高技术产业R&D经费内部支出(万元)
北京市	2009—2010	10 091.08	2 818 202	2 427 893	0	2 709.178	0.028	0
	2011—2012	17 004.83	1 910 719	1 979 367	0	1 767.452	0	0
	2012—2013	14 984.05	14 64 100	813 476.4	0	166.734	0.093	0
天津市	2011—2012	670.67	225 233.8	392 077.5	0	648.01	0.042	15 359.22
	2013—2014	1 546.254	8 063.423	38 996.49	0	583.556	0.128	17 046.03
河北省	2012—2013	37.011	106 149.4	4 058.288	0	138.816	0.039	0
	2013—2014	2 976.836	864 770	400 811.4	0	0	0	419.058
京津冀	2009—2010	10 910.34	2 903 830	688 890.6	0	3 686.087	0	0
	2011—2012	18 534.57	529 011.2	1 602 728	3 822.858	1 721.551	0	0

由表 2.1 可以看出，京津冀地区除 2010—2011 年科技创新效率出现激增外，2009—2015 年间科技创新效率也呈现递增状态，2010—2011 年、2012—2015 年实现科技创新投入产出均有效率状态，并且 2014—2015 年和 2010—2011 年效率值分别达到 1.309 1 和 1.214 0 的较高水平；2009—2010 年和 2011—2012 年出现科技创新投入产出无效率现象，将总体效率分解为技术效率和规模效率后可以发现，两年间京津冀科技创新投入产出均表现出技术无效率、规模无效率和科技创新投入产出规模报酬递增，结合表 2.2 可以发现，2009—2010 年京津冀技术无效率的原因在于高技术产业科技人力投入冗余和科技直接产出、间接产出均不足，2011—2012 年京津冀技术无效率的原因在于区域总体科技人力投入和高技术产业科技人力投入冗余以及科技直接产出、间接产出均不足，而期间规模无效率和科技创新

投入产出规模报酬递增同时存在，说明京津冀未能充分发挥规模报酬递增优势，合理结构的科技创新投入规模偏低，因此，2009—2010 年加大京津冀区域科技人力财力以及高技术产业科技财力投入，2011—2012 年加大京津冀区域科技财力和高技术产业科技财力投入都可以推动效率的提升。

2009—2010 年北京市科技创新效率水平总体相对京津冀地区较低，但变化趋势与京津冀地区相同，均在 2010—2011 年出现激增，科技创新效率高达 1.836 2，超过京津冀地区，除此之外其他年份呈现递增状态，但同期效率值均低于京津冀地区，于 2013 年开始实现科技创新投入产出有效率，2013—2014 年和 2014—2015 年科技创新效率值分别为 1.000 5 和 1.227 7；对总体效率分解可以发现，科技创新投入产出无效率的年份技术无效率和规模无效率同时存在，其中 2009—2010 年和 2012—2013 年科技创新投入产出呈现规模报酬递减，即其规模无效率的原因在于科技创新投入规模过大，2011—2012 年科技创新投入产出呈现规模报酬递增，即其规模无效率的原因在于合理的科技创新投入规模不足。结合表 2.3 可以发现，2009—2010 年和 2012—2013 年北京市均存在科技财力投入和高技术产业科技人力投入冗余和科技直接产出、间接产出不足现象，其中 2009—2010 年高技术产业科技人力投入冗余产出不足程度以及区域总体的科技间接产出不足程度均大于 2012—2013 年，区域总体的科技财力投入冗余和科技直接产出不足程度均小于 2012—2013 年，2011—2012 年的投入冗余仅发生在高技术产业的科技人力投入方面，产出不足则在直接产出和间接产出方面均存在，因此，2009—2010 年、2012—2013 年减少北京市科技财力投入和高技术产业科技人力投入，2011—2012 年加大北京市科技人力财力投入和高技术产业科技财力投入均可以拉动效率的提升。

2009—2010 年天津市科技创新效率水平总体相对北京市较低，且呈上下波动状态；其中，仅 2012—2013 年和 2014—2015 年科技创新投入产出达到有效率，科技创新效率值分别为 1.110 3 和 1.039 5；2009—2011 年科技创新投入产出规模无效率导致总体无效率，同时科技创新投入产出规模报酬递增，即该期间无效率的原因在于科技创新投入规模不足；2011—2012 年科技创新投入产出技术无效率和规模无效率同时存在导致总体无效率，且科技创新投入产出呈规模报酬递增状态，结合表 2.2 可以发现，该期间技术无效率的原因在于区域科技财力投入和高技术产业科技投入冗余和科技直接产出、间接产出不足，而科技创新投入产出规模无效率和规模报酬递增同时存在可以说明，加大天津市科技人力投入可以推动效率的提高；2013—2014 年科技创新投入产出技术无效率、规模无效率以及规模报酬递减同时存在，结合表 2.3 可以发现，该期间天津市科技财力、高技术产业科技人力和财力均存在投入冗余现象，科技创新直接、间接产出均存在产出不足现象，同时，科技创新投入产出规模无效率和规模报酬递减可以说明，减少天津市科技财力、高技术产业科技人力和财力投入可以提升该期间科技创新效率。

2009—2010年河北省科技创新效率水平总体也相对北京市较低，且呈波动状态；其中科技创新投入产出有效率的年份为2011—2012年和2014—2015年，科技创新效率值分别为1.078 7和1.044 2，2009—2010年接近有效率状态；2010—2011年科技创新投入产出表现出规模无效率和规模报酬递增，即该时期科技创新投入规模不足，全面加大科技创新投入可以有效推动科技创新投入产出效率；2012—2014年科技创新投入产出技术无效率、规模无效率和规模报酬递增同时存在，结合表2.3可以发现，2012—2013年科技创新投入产出技术无效率的原因在于河北省科技财力及高技术产业科技人力投入冗余与科技直接产出、间接产出不足同时存在，2013—2014年科技创新投入产出技术无效率的原因在于高技术产业科技财力投入冗余与科技创新直接产出、间接产出不足同时存在，又该期间河北省科技创新投入产出规模无效率和规模报酬递增，因此2012—2013年加大区域总体科技人力投入和高技术产业科技财力投入，2013—2014年加大区域科技人力财力、高技术产业科技人力投入可以推动其效率的提升。

通过分析可以发现，京津冀区域总体科技创新效率水平优于各省市单独水平，说明京津冀区域间科技创新资源配置不合理，如2009—2010年北京、天津均表现出科技创新投入产出规模无效率，但北京市呈规模报酬递减状态，天津市呈规模报酬递增状态，科技创新资源由北京向天津的转移可以同时提高两地区效率；2012—2013年北京、河北均存在科技创新投入产出规模无效率，但北京市呈规模报酬递减状态，河北省呈规模报酬递增状态，科技创新资源由北京向河北的转移可以同时提高两地区效率；2013—2014年天津、河北均存在科技创新投入产出规模无效率，但天津市呈规模报酬递减状态，河北省呈规模报酬递增状态，科技创新资源由天津向河北的转移可以同时提高两地区效率。通过对总体效率分解可以发现，京津冀各区域内部存在部分科技投入冗余、产出不足现象，即不同科技创新资源配置结构也存在不合理问题。因此，调整科技创新资源配置结构，合理分配北京、天津、河北的科技创新资源投入是提高各省市及京津冀区域总体科技创新效率的有效手段。

2.1.2.3 科技创新效率动态评价

采用Malmquist指数模型，对2009—2015年京津冀科技创新效率的变化情况进行测算。在数据选择上与静态评价保持一致。通过Deap2.1软件进行求解，得出 2009—2015 年京津冀科技创新的总体效率变化指数、技术效率变化指数、纯技术效率变化指数、规模效率变化指数和全要素生产率变化指数，见表 2.3。

表 2.3　2009—2015 年京津冀科技创新效率动态变化情况表

地区	时间(年)	*EFFch*	*TPch*	*PEch*	*SEch*	*TPFch*
北京	2010—2011	1.000	1.419	1.000	1.000	1.419
	2011—2012	1.000	0.737	1.000	1.000	0.737
	2012—2013	1.000	1.059	1.000	1.000	1.059
	2013—2014	1.000	1.059	1.000	1.000	1.059
	2014—2015	1.000	1.021	1.000	1.000	1.021
天津	2010—2011	1.000	1.043	1.000	1.000	1.043
	2011—2012	1.000	1.101	1.000	1.000	1.101
	2012—2013	1.000	1.201	1.000	1.000	1.201
	2013—2014	1.000	1.092	1.000	1.000	1.092
	2014—2015	1.000	1.042	1.000	1.000	1.042
河北	2010—2011	1.000	1.149	1.000	1.000	1.149
	2011—2012	1.000	1.414	1.000	1.000	1.414
	2012—2013	1.000	0.878	1.000	1.000	0.878
	2013—2014	1.000	0.913	1.000	1.000	0.913
	2014—2015	1.000	1.131	1.000	1.000	1.131
京津冀	2010—2011	1.000	1.201	1.000	1.000	1.201
	2011—2012	1.000	0.914	1.000	1.000	0.914
	2012—2013	1.000	1.102	1.000	1.000	1.102
	2013—2014	1.000	1.021	1.000	1.000	1.021
	2014—2015	1.000	1.042	1.000	1.000	1.042

表 2.3 中 *EFFch*、*TPch*、*PEch*、*SEch* 以及 *TFPch* 分别表示科技创新的总体效率变化指数、技术效率变化指数、纯技术效率变化指数、规模效率变化指数和全要素生产率变化指数，其中全要素生产率可用来代表当前的技术水平，且 $TFPch = PEch \times SEch \times TPch$。技术效率变化指数和全要素生产率变化指数的数值为 1 时，表示技术水平没有变化；数值大于 1 时，表示技术有所进步；数值小于 1 时，表示存在技术衰退趋势。

由表 2.3 可以发现，京津冀地区及北京、天津、河北的全要素生产率变化指数的变动主要归因于技术效率变化指数的变动。其中天津市技术进步情况最为可观，2009—2015 年实现了持续的技术进步，其中技术进步程度最大的为 2012—2013 年，全要素生产率变化指数达 1.201；其次是北京市和京津冀地区，仅 2011—2012 年出现技术衰退，且北京市衰退程度大于京津冀区域，主要原因在于 2011—2012 年北京市科技投入产出效率相比 2010—2011 年降幅过大，总体效率减少 0.911 1(见表 2.1)，其余年份均实现了技术进步，技术进步程度最大的年份都发生在 2010—2011 年，全要素生产率变化指数分别达到 1.419 和 1.201；技术进步情况相对最差的是河北省，2012—2014 年出现技术衰退，且 2012—2013 年的衰退程度大于 2013—2014 年，其余年份均实现技术进步，技术进步程度最大的是 2011—2012 年，全要素生产率变化指数达 1.414，仅次于技术进步程度最大的北京 2010—2011 年的 1.419。

2.2　科技创新评价指标体系设计

(1) 指标筛选模型

采用在基于代表性筛选指标原则的基础上，补充主成分因子所遗漏的局部信息的方法进行指标筛选。

基于代表性筛选指标原则是指采用因子分析法对科技创新维度的指标进行筛选，对科技创新维度的初始指标进行主成分分析，筛选出对主成分因子贡献度较大的科技创新维度指标。其基本思想为：

假设对科技创新维度的 n 个初始指标提取主成分因子，其中初始指标总体 $X_k=(X_{k1},X_{k2},\cdots,X_{kn})^{\mathrm{T}}(k=1)$，提取出主成分因子总体 $Y_k=(Y_{k1},Y_{k2},\cdots,Y_{km})^{\mathrm{T}}(k=1)(m\leqslant n)$，且 $Y_k=(Y_{k1},Y_{k2},\cdots,Y_{km})^{\mathrm{T}}(k=1)$ 的列秩 $=m$，其中 $Y_{ki}=\alpha_i^{\mathrm{T}}X_k(k=)(i=1,2,\cdots,m)$，$\alpha_i$ 是 $n\times1$ 维向量，$Y_{km}(k=1)$是与 $Y_{k1}(k=1)$、$Y_{k2}(k=1)$、…、$Y_{k(m-1)}(k=1)$不相关的$(X_{k1},X_{k2},\cdots,X_{kn})^{\mathrm{T}}(k=1)$一切线性组合中方差最大的。其中，方差的大小代表主成分因子可解释初始指标信息量的大小，因此 $Y_{k1}(k=1)$、$Y_{k2}(k=1)$、…、$Y_{km}(k=1)$被称作 $X_k(k=1)$的第一主成分因子、第二主成分因子、……、第 m 主成分因子，且其所能解释的初始指标的信息量依次递减。在此基础上，筛选得出科技创新维度的代表性指标。

由于主成分因子反映的是主要投影方向的指标信息，存在遗漏局部信息的问题，所以在基于代表性所筛选的指标的基础上，再补充偏离主要投影方向的、重要的指标。

（2）指标体系设计

科技创新资源包括科技人力资源、科技财力资源、科技物力资源、科技信息资源、科技环境资源等，科技人力资源和科技财力资源以其易量化性多被采纳作为科技创新投入资源的衡量指标，科技创新产出资源主要分为直接产出和间接产出，直接产出即自主创新成果，间接产出即科研成果市场化情况。对现有文献科技创新资源指标体系进行统计分析，并结合京津冀科技指标的可获取性，初步选定 R&D 人员（X_1）、R&D 全时人员（X_2）、R&D 人员全时当量（X_3）、高技术产业 R&D 人员（X_4）、高技术产业 R&D 全时人员（X_5）、高技术产业 R&D 研究人员（X_6）、高技术产业 R&D 人员折合全时当量（X_7）作为科技人力投入指标；初步选定 R&D 经费内部支出（X_8）、R&D 经费投入强度（X_9）、高技术产业 R&D 经费内部支出（X_{10}）、高技术产业 R&D 经费外部支出（X_{11}）、高技术产业新产品开发经费支出（X_{12}）作为科技财力投入指标；初步选定专利申请授权数（Y_1）、专利申请受理数（Y_2）作为科技直接产出指标；初步选定技术市场技术流向地域合同金额（Y_3）、技术市场技术输出地域合同金额（Y_4）、高技术产业新产品销售收入（Y_5）、高技术产业新产品出口（Y_6）作为科技间接产出指标。

根据各指标意义，结合主成分分析法，弥补主成分因子忽略的局部信息，对科技创新初始指标进行筛选。首先分别对 2009—2015 年我国北京、天津、河北及京津冀地区 12 个科技创新投入指标和 6 个科技创新产出指标进行 KMO 和 Bartlett 的检验（见表 2.4）。

表 2.4　科技创新投入产出初始指标 KMO 和 Bartlett 的检验

检验项		科技投入指标	科技产出指标
取样足够度的 Kaiser-Meyer-Olkin 度量		0.769	0.770
Bartlett 的球形度检验	近似卡方	1 030.694	385.443
	df	66	15
	Sig.	0.000	0.000

注：指标数据来源于《中国科技统计年检 2010—2016》和《中国高技术产业统计年鉴 2010—2016》。

检验结果显示，科技创新投入指标和科技创新产出指标 KMO 值均大于 0.7，表明初始指标适合做因子分析；Bartlett 球形检验的 Sig. 取值为 0，表明各投入指标以及各产出指标之间存在线性相关性，能够提取主成分因子。

运行 SPSS 软件，分别对科技创新投入初始指标和科技创新产出初始指标提

取主成分因子 I 和 O，见式(2.4)：

$$\begin{cases} I = 0.099ZX_1 + 0.100ZX_2 + 0.099ZX_3 + 0.099ZX_4 + 0.092ZX_5 + \\ \quad 0.080ZX_6 + 0.098ZX_7 + 0.100ZX_8 + 0.040ZX_9 + 0.099ZX_{10} + \\ \quad 0.076ZX_{11} + 0.099ZX_{12} \\ O = 0.186ZY_1 + 0.190ZY_2 + 0.188ZY_3 + 0.181ZY_4 + 0.185ZY_5 + 0.145ZY_6 \end{cases} \tag{2.4}$$

式中：主成分因子线性表达式中各指标系数即为因子得分，因子得分的绝对值代表各指标对主成分因子的贡献度。结合各指标的代表性意义及因子得分和指标间相关系数（见表 2.5），对初始科技创新投入产出指标进行筛选。

表 2.5　科技创新投入产出初始指标相关系数矩阵

投入指标	X_1	X_2	X_3	X_4	X_5	X_6	X_7	X_8	X_9	X_{10}	X_{11}	X_{12}
X_1	1.000	0.996	0.999	0.949	0.878	0.791	0.944	0.981	0.345	0.931	0.736	0.941
X_2	0.996	1.000	0.997	0.943	0.875	0.789	0.936	0.990	0.412	0.939	0.733	0.958
X_3	0.999	0.997	1.000	0.942	0.869	0.789	0.937	0.981	0.375	0.925	0.739	0.941
X_4	0.949	0.943	0.942	1.000	0.937	0.777	0.999	0.946	0.252	0.981	0.700	0.954
X_5	0.878	0.875	0.869	0.937	1.000	0.588	0.938	0.889	0.252	0.927	0.609	0.898
X_6	0.791	0.789	0.789	0.777	0.588	1.000	0.778	0.756	0.196	0.749	0.439	0.745
X_7	0.944	0.936	0.937	0.999	0.938	0.778	1.000	0.937	0.237	0.976	0.691	0.944
X_8	0.981	0.990	0.981	0.946	0.889	0.756	0.937	1.000	0.466	0.964	0.739	0.981
X_9	0.345	0.412	0.375	0.252	0.252	0.196	0.237	0.466	1.000	0.393	0.340	0.481
X_{10}	0.931	0.939	0.925	0.981	0.927	0.749	0.976	0.964	0.393	1.000	0.702	0.984
X_{11}	0.736	0.733	0.739	0.700	0.609	0.439	0.691	0.739	0.340	0.702	1.000	0.708
X_{12}	0.941	0.958	0.941	0.954	0.898	0.745	0.944	0.981	0.481	0.984	0.708	1.000
产出指标	Y_1	Y_2	Y_3	Y_4	Y_5	Y_6						
Y_1	1.000	0.991	0.854	0.570	0.948	0.922						
Y_2	0.991	1.000	0.904	0.647	0.955	0.921						
Y_3	0.854	0.904	1.000	0.902	0.867	0.801						
Y_4	0.570	0.647	0.902	1.000	0.605	0.517						
Y_5	0.948	0.955	0.867	0.605	1.000	0.978						
Y_6	0.922	0.921	0.801	0.517	0.978	1.000						

对于科技人力投入指标，首先，区域科技人力投入指标 X_1、X_2、X_3 对主成分因子的贡献度相近，彼此接近完全相关，且与其他指标相关系数相近，因此保留反映区域有效科技人力投入的指标 X_3，R&D 人员全时当量。其次，区域高技术产业科技人力投入指标 X_4、X_5、X_6、X_7，X_4、X_5、X_7 对主成分因子贡献度较大，成分得分在 0.9 以上；X_6 的贡献相对较小，为 0.08；但彼此间相关性较大，且与其他指标相关系相近。因此保留贡献度较大，且最能反映高技术产业有效科技人力投入的指标 X_7，即高技术产业 R&D 人员折合全时当量。

对于科技财力投入指标，首先，区域科技财力投入指标 R&D 经费内部支出和 R&D 经费投入强度，R&D 经费投入强度为 R&D 经费内部支出与地区生产总值的比值，即两指标为相关联指标，因此保留一个指标，虽然指标 X_8（R&D 经费内部支出）对主成分因子的贡献度远超指标 X_9（R&D 经费投入强度），但指标 X_9 与其他指标相关性极小，所以为从全局考虑提取主成分因子时所忽略的局部特征，又 R&D 投入强度指标为剔除区域经济发展水平的科技财力投入衡量指标，可以反映出区域对科技的重视程度，因此保留 X_9，R&D 经费投入强度。其次，区域高技术产业科技财力投入指标 X_{10}、X_{11}、X_{12}，X_{10}、X_{12} 对主成分因子贡献度较大，成分得分在 0.99 以上；X_6 的贡献相对较小，为 0.076；但彼此间相关性较大，且与其他指标相关系数相近。因此保留贡献度较大，且能够全面反映高技术产业内部用于科技活动的财力投入情况的指标 X_{10}，即高技术产业 R&D 经费内部支出。

对于科技创新产出指标，通过成分得分系数可以看出，各指标对主成分因子的贡献度差距较小，因此该主成分因子不存在忽略局部特征的现象。首先，区域科技创新直接产出指标 Y_1、Y_2，对主成分因子的贡献度相近，彼此间接近完全相关，且与其他指标相关系数相近，因此，仅保留代表有效创新产出的专利申请授权数，Y_1；其次，区域科技创新间接产出指标 Y_3、Y_4，同样具有对主成分因子贡献度相近，彼此间接近完全相关，且与其他指标相关系数相近的特征，而技术市场市场技术输出地域合同金额反映了该区域科研成果市场化情况，所以保留 Y_4；最后，区域高技术产业科技间接产出指标 X_5、X_6，相关系数大于 0.9。因此保留对主成分因子贡献度较大，且对高技术产业科研成果市场化反映更加全面的 Y_5，即高技术产业新产品销售收入。

通过筛选，最终确定 R&D 人员全时当量、高技术产业 R&D 人员折合全时当量为科技人力投入指标；R&D 经费投入强度、高技术产业 R&D 经费内部支出作为科技财力投入指标；专利申请授权数作为科技直接产出指标；技术市场技术输出地域合同金额、高技术产业新产品销售收入作为科技间接产出指标。京津冀科技创新评价指标体系见表 2.6。

表 2.6　京津冀科技创新评价指标体系

一级指标	二级指标	正负贡献	指标代码	单位
科技直接产出指标	专利申请授权数	+	q_1	万件
科技间接产出指标	技术市场技术输出地域合同金额	+	q_2	亿元
	高技术产业新产品销售收入	+	q_3	亿元
科技人力投入指标	R&D 人员全时当量	+	q_4	万人·年
	高技术产业 R&D 研究人员	+	q_5	万人
科技财力投入指标	R&D 经费投入强度	+	q_6	%
	高技术产业 R&D 经费内部支出	+	q_7	亿元
科技质量指标	科技创新效率	+	q_8	无

2.3　科技创新综合指数评价

2.3.1　综合指数评价模型

采用主成分分析法，构建科技创新综合指数，具体步骤如下：

第一步，对评价指标进行规范化处理。评价指标规范化处理的计算公式可表示为

$$q_i = \begin{cases} \dfrac{a_i}{\max\{a_i\}}, a_i \text{ 为对系统有正贡献的指标} \\ \dfrac{\min\{a_i\}}{a_i}, a_i \text{ 为对系统有负贡献的指标} \end{cases} \tag{2.5}$$

第二步，采用主成分分析法，确定科技创新维度的初始综合发展水平指数。即首先对科技创新维度的指标数据进行因子分析，提取主成分因子 $Q_j = \sum_{i=1}^{n} \beta_i q_i$（其中 β_i 为第 i 个指标因子 q_i 对主成分因子 Q_j 的贡献率）。然后根据各主成分因子的方差贡献率，构建科技在 t 时刻的初始综合发展水平指数 $L_k(t) = \sum_{j=1}^{m} \sigma_j Q_j (k = 1)$（其中 σ_j 为第 j 个主成分因子 Q_j 的方差贡献率），由此构建的综合发展水平指数越大，代表其发展水平越高。

第三步，调整确定科技创新的最终综合发展水平指数。即由于主成分因子服

从标准正态分布，根据其确定的综合发展水平指数含负值。因此，为保证评价的合理性和准确性，对科技创新的初始综合发展水平指数进行坐标平移，并以科技创新维度的最大值为除数，对科技的初始综合发展水平指数进行归一化调整，得到 $R_k(t)=\frac{L_k(t)+H}{\max\{L_k(t)+H\}}(k=1)$，$R_k(t)(k=1)$ 为科技创新维度在 t 时刻的最终综合发展水平指数，其中 H 为初始综合发展水平指数坐标平移距离，为保证坐标平移后的综合指数为正，通常取 $H=\max\{|L_k(t)|\}(k=1)$。

2.3.2 科技创新综合指数

结合科技创新规模和科技创新效率构建科技创新综合指数，对 2009—2015 年间北京、天津、河北及京津冀地区科技创新的 4 个投入指标、3 个产出指标以及科技创新效率进行 KMO 和 Bartlett 的检验（见表 2.7），以 1 年为滞后期，选择 2009—2014 年的科技创新投入指标数据和 2010—2015 年的科技创新产出指标数据。

表 2.7 科技创新维度 KMO 和 Bartlett 的检验

检验项		取值
取样足够度的 Kaiser-Meyer-Olkin 度量		0.679
Bartlett 的球形度检验	近似卡方	373.856
	df	28
	Sig.	0.000

检验结果显示，KMO 值为 0.679，表明各科技创新指标及其效率适合做因子分析；Bartlett 球形检验的 Sig 取值为 0，表明各科技创新指标及其效率之间存在线性相关性，能够提取主成分因子。科技创新维度主成分分析的特征值及方差贡献率见表 2.8，其中为更为真实地反映主成分因子的情况，选择旋转后的平方和载入对其进行分析。

表 2.8 科技创新维度主成分分析的特征值及方差贡献率

成分	初始特征值			旋转平方和载入		
	合计	方差(%)	累积(%)	合计	方差(%)	累积(%)
1	5.887	73.593	73.593	5.392	67.400	67.400
2	1.106	13.819	87.412	1.601	20.013	87.412

续表

成分	初始特征值			旋转平方和载入		
	合计	方差(%)	累积(%)	合计	方差(%)	累积(%)
3	0.739	9.235	96.647			
4	0.178	2.227	98.874			
5	0.073	0.918	99.792			
6	0.010	0.121	99.913			
7	0.006	0.070	99.983			
8	0.001	0.017	100.000			

由表 2.8 可以看出，成分 1 的方差为 5.887，远高于其他成分方差，成分 2 的方差为 1.106，也较其他成分方差高，表明成分 1、成分 2 占据的科技创新维度信息最多，且两成分累计方差贡献率达 87.412%，因此适合提取两个主成分因子，根据成分得分矩阵及方差贡献率可得主成分因子 Q_1、Q_2 和 t 时刻科技创新初始综合指数 $K_1(t)$，表达式如下：

$$\begin{cases} Q_1 = 0.179zq_1 + 0.185zq_2 + 0.113zq_3 + 0.184zq_4 + 0.234zq_5 - \\ \quad 0.101zq_6 + 0.199zq_7 - 0.169zq_8 \\ Q_2 = -0.012zq_1 - 0.058zq_2 + 0.174zq_3 - 0.031zq_4 - 0.183zq_5 + \\ \quad 0.565zq_6 - 0.068zq_7 + 0.661zq_8 \\ K_1(t) = 67.400\% \times Q_1 + 20.013\% \times Q_2 \end{cases} \tag{2.6}$$

对式(2.6)计算出的科技创新初始综合指数 $K_1(t)$进行取正归一化调整，最终得到“十二五”期间京津冀科技创新维度综合指数(见表 2.9)。

表 2.9 “十二五”期间京津冀科技创新维度综合指数

年份	地区			
	北京	天津	河北	京津冀地区
2009—2010	0.346 5	0.135 2	0.079 3	0.493 0
2010—2011	0.381 9	0.142 2	0.083 3	0.515 9
2011—2012	0.446 0	0.194 2	0.102 5	0.667 8
2012—2013	0.515 0	0.251 4	0.114 0	0.798 2

续表

年份	地区			
	北京	天津	河北	京津冀地区
2013—2014	0.576 6	0.270 4	0.129 0	0.901 8
2014—2015	0.610 5	0.302 9	0.168 4	1.000 0

由表 2.9 可以看出，“十二五”期间北京、天津、河北及京津冀地区科技创新维度综合指数均实现逐年递增，且京津冀地区总体水平优于北京，北京优于天津，天津优于河北。主要原因在于：①规模方面，京津冀区域科技创新规模为北京、天津、河北三地区之和，且北京总体规模超过天津，天津超过河北；②效率方面，从京津冀地区总体出发测算的科技创新效率，由于消除了北京、天津、河北之间科技创新资源配置的不合理问题，优于北京、天津、河北，而北京又优于天津，天津略优于河北。

综合京津冀区域科技创新规模及高技术产业科技创新规模评价分析可以发现，除北京市高技术产业科技创新产出规模呈波动态势，京津冀总体及各地区科技创新投入产出规模和高技术产业科技创新投入产出规模均呈递增趋势，整体上北京市区域总体及高技术产业的科技创新投入产出规模均高于天津、河北，天津高于河北，尤其在京津冀区域总体的科技创新产出方面，京津冀的科技创新直接产出和间接产出基本来源于北京市，且区域总体差距趋于扩大，高技术产业方面，天津与河北的差距趋于扩大，北京与天津的差距，在科技创新投入方面呈先扩大后缩小状态，科技创新产出方面则呈缩小状态，并于 2013 年被天津市赶超。说明北京市虽然总体科技创新投入产出水平较高且增幅可观，但对高技术产业的重视相比天津河北较差。

综合 2009—2015 年京津冀科技创新效率评价结果可以发现，京津冀大部分年份科技创新投入产出达到有效率状态，且实现技术进步，但同时存在一定的问题：①北京、天津、河北的科技创新资源分配不合理，导致京津冀地区总体效率优于北京、天津、河北；②区域总体及各省市科技创新资源配置结构不合理，区域科技财力投入力度相对人力投入力度过强，高技术产业的科技人力投入相对科技财力投入过强；③科技创新直接产出、间接产出均存在不足情况，相对于科技创新投入，京津冀的自主创新能力和科研成果产业化能力均有待提高；④科技创新投入产出效率稳定性不足，个别年份波动较大，导致出现技术衰退现象。

3 京津冀经济发展评价体系

目前,“珠三角”、“长三角”、“京津冀”三大城市群成为我国区域经济发展的领头羊,推动中国经济的平稳快速发展。京津冀作为北方的经济腹地,其肩负着非常艰巨的历史和社会责任。得益于北京首都功能的区位优势,京津冀地区交通便利、公共设施齐全,同时拥有丰富的创新资源和雄厚的产业基础,这成为推动京津冀快速发展的经济基础。

3.1 经济发展现状评价

“十二五”期间,京津冀整体经济发展稳定,经济比重(占全国)整体保持在11%的水平,但与长三角地区仍保持一定的经济落差。“十二五”初期,京津冀GDP占全国的11.17%,长三角占全国的20.78%。“十二五”期末,京津冀GDP占全国的10.54%,长三角GDP占全国的20.39%。“十二五”期间,京津冀GDP占比与长三角地区始终维持着十个百分点的距离,5年经济发展并未改变京津冀城市群与长三角地区的发展差距。“十二五”期间,中国经济进入新常态,增速放缓,“十二五”初期,京津冀GDP增速保持在10%以上,至“十二五”末,京津冀GDP增速放缓至6.6%,这符合当前我国经济发展的国情。长三角地区的经济增速与全国基本保持着同步放缓的水平,至2015年,经济增速降落为6.38%。然而,京津冀相比全国、长三角地区,GDP增速虽然也呈下降趋势,但并不稳定,2011年,经济增速与全国同步,GDP上升18个百分点,2012年开始下降,与全国、长三角基本同步,2013年,在全国逐步放缓0.3个百分点的同时,经济增速快速下降4个百分点,2014年,全国经济增速仍逐步放缓2个百分点,京津冀增速反而上升近4个百分点,2015年,全国经济增速依旧放缓近2个百分点,京津冀增速又大幅回落5个百分点。在2013—2015期间,京津冀GDP这种大幅度的变动,反映出京津冀地区发展的不稳定性。

3.1.1 经济发展变化

(1) 京津冀经济发展总量变化

从京津冀 GDP 增长变化来看，京津冀 GDP 从 2010 年的 43 732.3 亿元增至 2015 年的 69 358.89 亿元，增长了近 60%。其中，北京市 GDP 从 14 113.58 亿元增至 23 014.59 亿元，略高于京津冀 GDP 的增长幅度，达到 63%。“十二五”期间，北京市 GDP 年均增速达到 7.5%。天津市 GDP 从 9 224.46 亿元增至 165 38.19 亿元(2011 年天津市开始挺进“万亿俱乐部”)，远高于京津冀 GDP 的增长幅度，增长幅度接近 80%。“十二五”期间，天津市 GDP 年均增速超过 12%，达到 12.4%。而河北省 GDP 从 20 394.26 亿元增至 29 806.11 亿元，远低于京津冀 GDP 的增长幅度，增长幅度仅达到 46%。“十二五”期间，河北省 GDP 年均增速达到 8.5%。“十二五”期间京津冀 GDP 增长变化趋势见图 3.1。

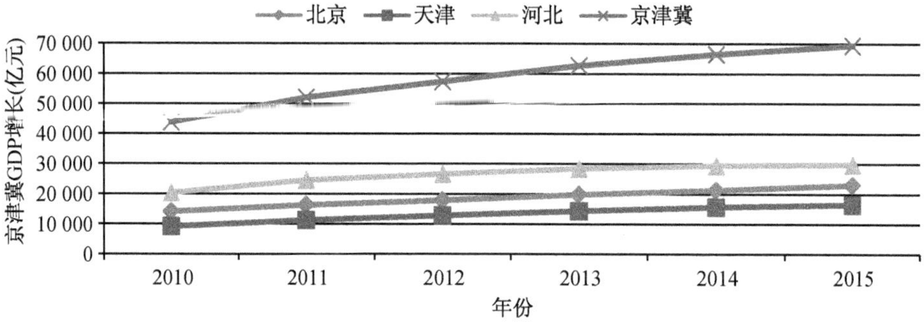

注：指标数据来源于《中国统计年鉴 2011—2016》。

图 3.1 “十二五”期间京津冀 GDP 增长变化趋势

从京津冀 GDP 占全国的比重变化来看，京津冀 GDP 占全国的比重略有下降，从 2010 年的 10.59%降至 2015 年的 10.07%，下降了 0.5 个百分点。其中河北 GDP 占全国的比重持续下降，且下降幅度较大，从 4.94%降至 4.33%，下降超过 0.6 个百分点。北京 GDP 占全国的比重呈现波动式变化，且略有下降，从 2010 年的 3.42%降至 2012 年的 3.31%，又升至 2015 年 3.34%，总体来看，下降了 0.08 个百分点。而天津 GDP 占全国的比重不降反升，从 2010 年的 2.23%持续上升至 2015 年的 2.40%，上升了 0.17 个百分点。“十二五”期间京津冀 GDP 占全国的比重变化趋势见图 3.2。

从图 3.2 中可看出，“十二五”期间京津冀 GDP 占全国的比重均值约为 10.44%，其中北京市、天津市、河北省 GDP 占全国的比重均值分别约为 3.32%、

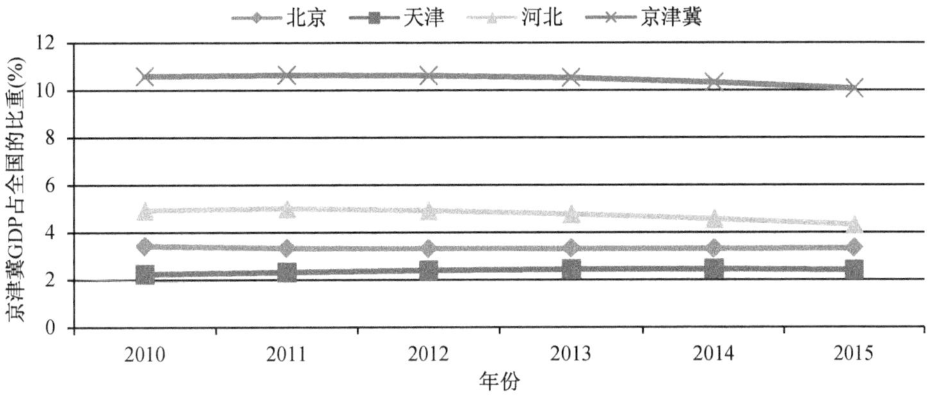

注：指标数据来源于《中国统计年鉴 2011—2016》。

图 3.2　“十二五”期间京津冀 GDP 占全国的比重变化趋势

2.39%、4.72%。

从京津冀各地区 GDP 占京津冀 GDP 的比重变化来看，“十二五”期间，北京市 GDP 和天津市 GDP 占京津冀 GDP 的比重均有所上升，其中，北京市 GDP 占京津冀 GDP 的比重从 2010 年的 32.27%先降至 2012 年的 31.18%，后提升至 2015 年的 33.18%。同期，天津市 GDP 占京津冀 GDP 的比重从 21.09%持续提升至 23.84%，上升了 2.75 个百分点。而河北省 GDP 占京津冀 GDP 的比重出现了较大幅度的下降，从 46.63%持续降至 42.97%，下降了 3.66 个百分点。“十二五”期间京津冀各地区 GDP 占京津冀 GDP 的比重变化趋势见图 3.3。

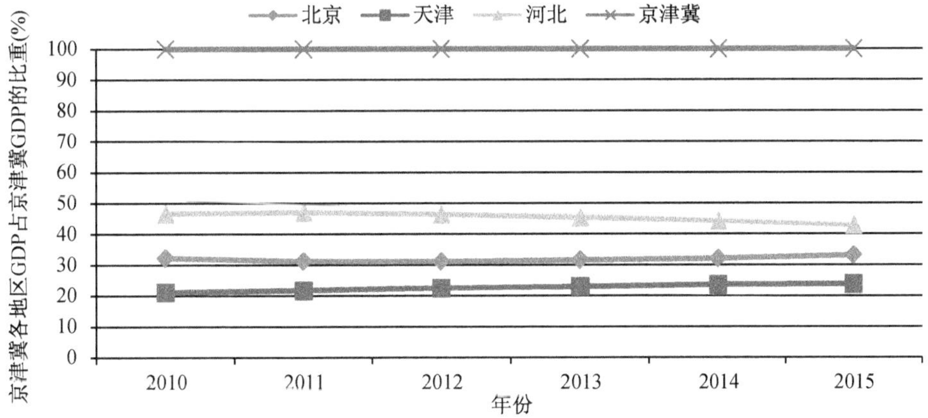

注：指标数据来源于《中国统计年鉴 2011—2016》。

图 3.3　“十二五”期间京津冀各地区 GDP 占京津冀 GDP 的比重变化趋势

从图 3.3 中可看出,“十二五”期间,北京市、天津市、河北省 GDP 占京津冀 GDP 的比重均值分别约为 31.85%、22.95%、45.20%。

(2) 京津冀人均经济发展变化

从京津冀人均经济发展的变化来看,2010 年京津冀人均 GDP 仅为 4.18 万元/人,2014 年突破 6 万元/人, 2015 年提高到 6.22 万元/人,为 2010 年的 1.49 倍。“十二五”期间,京津冀人均 GDP 增长了近 50%。“十二五”期间京津冀人均经济发展的变化趋势见图 3.4。

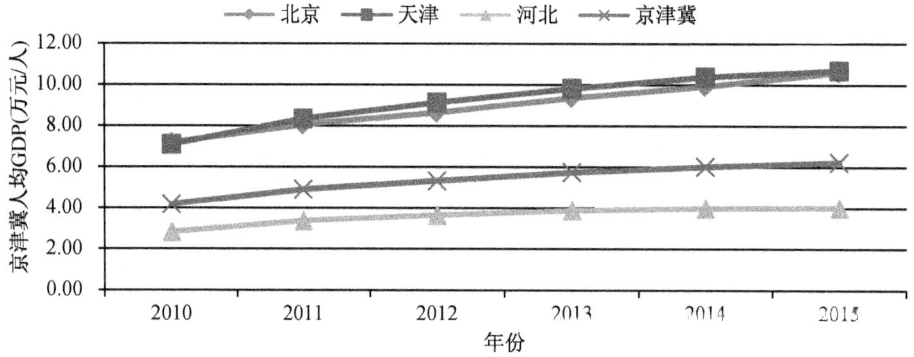

注:指标数据来源于《中国统计年鉴 2011—2016》。

图 3.4 “十二五”期间京津冀人均经济发展的变化趋势

从图 3.4 中可看出,“十二五”期间,天津市人均 GDP 增长最快,增长幅度达到 50.5%。天津市人均 GDP 远高于北京市、河北省和京津冀整体。2011 年,天津市人均 GDP 为 8.34 万元/人,北京市、河北省和京津冀分别为 8.05 万元/人、3.39 万元/人、4.91 万元/人。2014 年,天津市人均 GDP 突破 10 万元/人,达到 10.37 万元/人,而北京市、河北省和京津冀人均 GDP 均低于 10 万元/人,分别为 9.91 万元/人、3.98 万元/人、6.01 万元/人。2011—2014 年,从京津冀人均 GDP 的增长幅度来看,天津市(24.23%)略高于北京市(23.14%)和京津冀(22.60%),远高于河北省(17.69%)。2015 年,北京市人均 GDP 突破 10 万元/人,达到 10.6 万元/人,略低于天津市人均 GDP(10.69 万元/人),而河北省突破 4 万元/人,但远低于北京市和天津市,仅为 4.01 万元/人,北京市和天津市的人均 GDP 约为河北省人均 GDP 的 2.65 倍。总体来看,“十二五”期间,天津市、北京市、河北省、京津冀的人均 GDP 增长幅度分别为 47.37%、50.54%、41.60%、48.81%。京津冀人均 GDP 与天津市人均 GDP 的差距较为稳定,京津冀为天津市的 0.58 左右。北京市人均 GDP 与天津市人均 GDP 的差距不断缩小,2011 年北京市为天津市的0.96,2015

年近乎相等。但河北省人均 GDP 与天津市人均 GDP 的差距不断扩大，2011 年河北省为天津市的 0.41，2015 年降至 0.38。因此，必须尽快提高河北省的人均 GDP，“十二五”末期，京津冀人均 GDP 仍较低，仅为 6.22 万元/人。

(3) 京津冀工业经济发展变化

从京津冀工业经济发展的变化来看，京津冀工业增加值从 2010 年的 16 728.87亿元增至 23 319.71 亿元，增长了近 40%。其中增长幅度最大的为天津市，从 4 410.85 亿元增长至 6 982.66 亿元，增长了 58.3%。其次为北京市，从 2 763.99亿元增长至 3 710.88 亿元，增长了 34.3%。而河北省的增长幅度最小，从 9 554.03 亿元增长至 12 626.17 亿元，增长了 32.2%，略低于北京市。“十二五”期间京津冀工业经济发展的变化趋势见图 3.5。

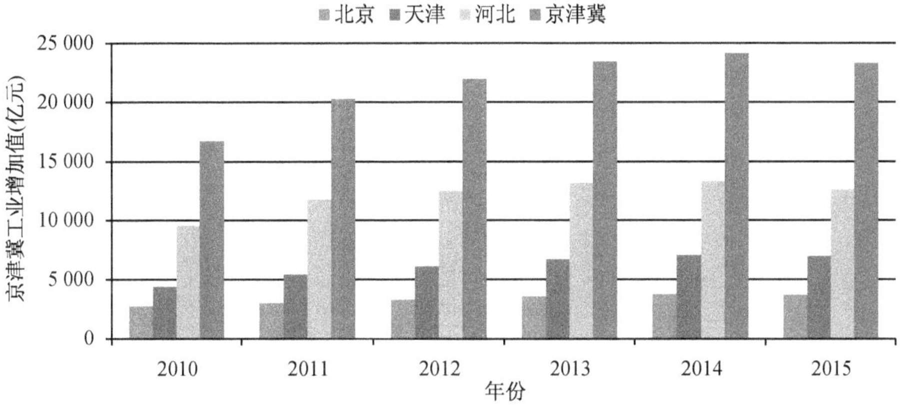

注：指标数据来源于《中国统计年鉴 2011—2016》。

图 3.5 “十二五”期间京津冀工业经济发展的变化趋势

从图 3.5 中可看出，随着京津冀经济产业转型升级，2014—2015 年京津冀工业增加值有所下降，从 24 156.53 亿元降至 23 319.71 亿元，下降了 3.5%。其中北京市从 3 746.77 亿元降至 3 710.88 亿元，下降了近 1%。天津市从 7 079.1 亿元降至 6 982.66 亿元，下降了 1.4%。河北省从 24 156.53 亿元降至 23 319.71 亿元，下降了 5.3%。

(4) 京津冀地方财政一般预算收支变化

从京津冀地方财政一般预算收支的变化来看，“十二五”期间，京津冀地方财政一般预算表现为明显的“入不敷出”，但京津冀地方财政一般预算收入与其支出的差距在逐渐缩小。2010 年，京津冀地方财政一般预算收入仅为 5 528.93 亿元，京津冀地方财政一般预算支出已接近 1 万亿元，达到 9 681.02 亿元，京津冀地方财政一般预算支出为京津冀地方财政一般预算收入的 1.75 倍。2014 年，京津冀地方财政一般预算收入突破 1 万亿元，达到 10 008.62 亿元，而京津冀地方财政一般预算支出达到 17 132.54 亿元，京津冀地方财政一般预算支出与京津冀地方财政一般预算收入的差距逐渐缩小至 1.71 倍。2015 年，京津冀地方财政一般预算支出接近 2 万亿元，达到 19 795.09 亿元，但京津冀地方财政一般预算收入增长缓慢，仅达到 11 513.72 亿元。相对于 2010 年，2015 年京津冀地方财政一般预算收入和支出均翻了一番，且京津冀地方财政一般预算收入的增幅略大于地方财政一般预算支出。“十二五”期间京津冀地方财政一般预算收支的变化趋势见图 3.6。

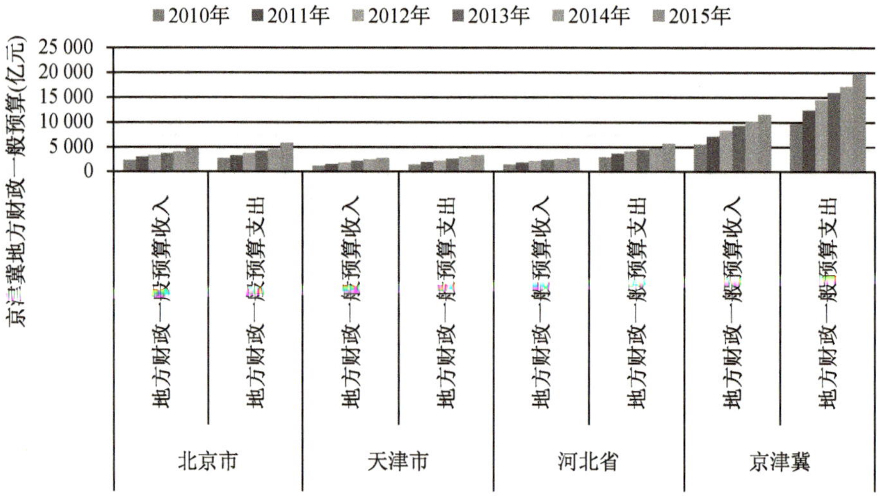

注：指标数据来源于《中国统计年鉴 2011—2016》。

图 3.6 “十二五”期间京津冀地方财政一般预算收支的变化趋势

从图 3.6 可以看出，“十二五”期间，北京市地方财政一般预算收支的差距小于天津市、河北省和京津冀，同时，河北省地方财政一般预算收支的差距大于京津冀。2010—2015 年，北京市地方财政一般预算支出与其收入的差距控制在 1.08～1.21 倍之间。2010 年，北京市地方财政一般预算收入和支出分别为 2 353.93 亿元、2 717.32亿元。2015 年，北京市地方财政一般预算收入接近 5 000 亿元，北京市地方财政一般预算支出达到 5 737.7 亿元。相对于 2010 年，2015 年北京市地方财政一般预算收入和支出均翻了一番，且北京市地方财政一般预算支出的增幅略大于地方财政一般预算收入。

2010—2015 年，天津市地方财政一般预算支出与其收入的差距控制在 1.21～1.29 倍之间，比北京市略大。2010 年，天津市地方财政一般预算收入和支出分别为 1 068.81 亿元、1 376.84 亿元。2015 年，天津市地方财政一般预算收入接近 3 000亿元，天津市地方财政一般预算支出达到 3 232.35 亿元。相对于 2010 年，2015 年天津市地方财政一般预算收入和支出均翻了一番，且京津冀地方财政一般预算收入的增幅略大于地方财政一般预算支出。

2010—2015 年，河北省地方财政一般预算支出与其收入的差距控制在 1.91～2.13 倍之间，比天津市较大。2010 年，河北省地方财政一般预算收入和支出分别为 1 331.85 亿元、2 820.24 亿元。2015 年，河北省地方财政一般预算收入接近 3 000亿元，河北省地方财政一般预算支出已达到 5 632.19 亿元。河北省地方财政一般预算支出与其收入的差距达到最大，为 2.13 倍。相对于 2010 年，2015 年河北省地方财政一般预算收入和支出均未实现翻番，且京津冀地方财政一般预算支出的增幅略大于地方财政一般预算收入。总体来看，"十二五"期间，北京市地方财政一般预算收入始终高于天津市和河北省，而河北省地方财政一般预算支出始终高于北京市和天津市。

(5) 京津冀居民消费水平变化

从京津冀居民消费水平的变化来看，京津冀居民消费水平从 2010 年的 50 891 亿元持续提高至 2015 年的 84 624 元，提高了 66.3%。其中，北京市从 24 982 元提高至 39 200 元，提高了 56.9%。天津市从 17 852 元提高至 32 595 元，提高了 82.6%。河北省从 8 057 元提高至 12 829 元，提高了 59.2%。"十二五"期间京津冀居民消费水平的变化趋势见图 3.7。

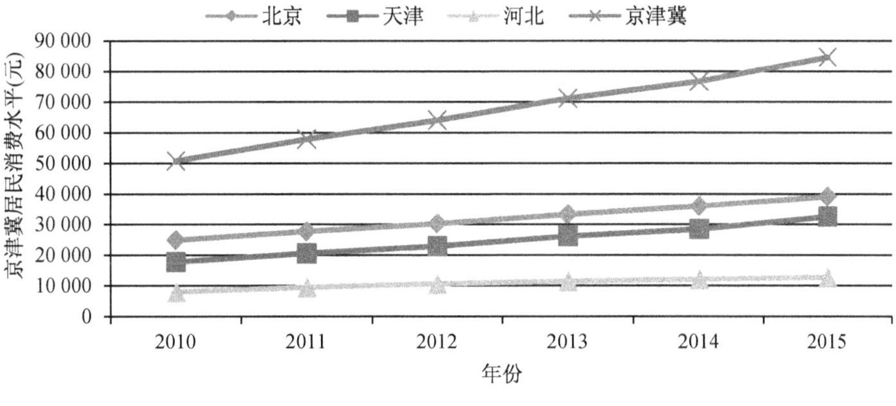

注：指标数据来源于《中国统计年鉴 2011—2016》。

图 3.7　"十二五"期间京津冀居民消费水平的变化趋势

从图 3.7 中可看出，北京市的居民消费水平略高于天津市，但两市之间的差距不断缩小，从 2010 年的 7 130 元缩小至 6 605 元。但北京市、天津市的居民消费水平与河北省持续扩大，北京市与河北省的居民消费水平从 16 925 元扩大至 26 371 元，天津市与河北省的居民消费水平从 9 795 元扩大至 19 766 元。

3.1.2 产业结构演变

(1) 京津冀三次产业发展变化

从京津冀三次产业发展的变化来看，京津冀第一产业产值从 2010 年的 2 832.75亿元增长至 2015 年的 3 788.48 亿元，增长了 33.74%。同期，京津冀第二产业产值从 18 936.29 亿元增长至 26 633.73 亿元，增长了 40.65%。京津冀第三产业产值从 21 963.26 亿元增长至 38 936.68 亿元，增长了 77.28%，第三产业产值的增长幅度为第二产业的 1.9 倍。总体来看，随着京津冀产业结构的转型升级，京津冀第三产业产值增长幅度最大，其次为第二产业，第一产业增长幅度最小。京津冀第三产业产值高于第二产业产值，而第二产业产值高于第一产业，三次产业的产值差距不断扩大。2010 年，京津冀第二产业产值为第一产业产值的 6.68 倍，京津冀第三产业产值为第二产业产值的 1.16 倍。2010—2015 年，京津冀第二产业与第一产业的产值差距呈波动式变化，2014 年京津冀第二产业与第一产业的产值差距扩大为 7.17 倍，至 2015 年，京津冀第二产业与第一产业的产值差距又缩小至 7.03 倍。随着产业结构的转型升级，京津冀第三产业得到快速发展，2010—2015 年，京津冀第三产业与第二产业的产值差距持续扩大到 1.46 倍。"十二五"期间京津冀三次产业发展的变化趋势见图 3.8。

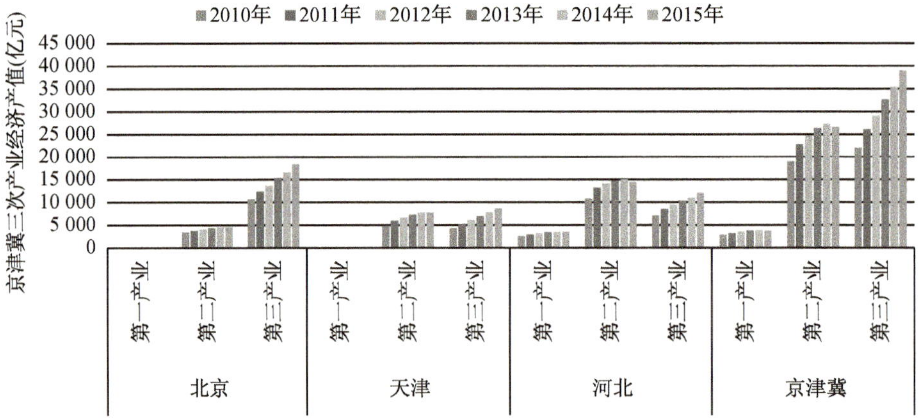

注：指标数据来源于《中国统计年鉴 2011—2016》。

图 3.8 "十二五"期间京津冀三次产业发展的变化趋势

从图 3.8 中可以看出，北京市三次产业转型升级的速度较快，北京市第一产业产值增长幅度较小，仅从 2010 年的 124.36 亿元增长至 140.21 亿元，增长了 12.75%。同期，第二产业产值增长幅度最大，从 3 388.38 亿元增长至 4 542.64 亿元，增长了 43.44%。第三产业产值增长幅度低于第二产业，从 10 600.84 亿元增长至 18 331.74 亿元，增长了 34.21%。但北京市第三产业产值远高于第二产业产值，第二产业产值远高于第一产业产值。总体来看，北京市第三产业产值与第二产业产值的倍数差距不断扩大，从 2010 年的 3.13 倍扩至 2015 年的 4.04 倍。北京市第二产业产值与第一产业产值的倍数差距也在不断扩大，从 2010 年的 27.25 倍扩至 2015 年的 32.40 倍。

"十二五"期间，天津市同步实现了产业结构的转型升级。天津市第一产业产值从 2010 年的 145.58 亿元增长至 2015 年的 208.82 亿元，增长幅度为 43.44%。同期，天津市第二产业产值从 4 840.23 亿元增长至 7 704.22 亿元，增长幅度达到 59.17%。天津市第三产业产值从 4 238.65 亿元增长至 8 625.15 亿元，翻了一番，增长幅度高达 103.49%。天津市第三产业产值、第二产业产值均远高于第一产业产值。2014 年，天津市第三产业产值为 7 795.18 亿元，首次超过第二产业产值 7 731.85亿元，实现了产业结构的优化调整。总体来看，天津市第三产业产值与第二产业产值的差距表现为先缩小、后扩大，2010 年，天津市第三产业产值为第二产业产值的 0.88 倍，随后差距不断缩小，至 2014 年，天津市第三产业产值达到第二产业产值的 1.01 倍，2015 年进一步扩大至 1.12 倍。天津市第二产业产值与第一产业产值的倍数差距不断扩大，并超过北京市第二产业产值与第一产业产值的倍数差距，从 2010 年的 33.25 倍扩至 2015 年的 36.89 倍。尽管北京市第三产业产值远高于天津市，但天津市与北京市相比，两市之间第三产业产值的差距不断缩小，从 2010 年的 2.50 倍持续缩小至 2015 年的 2.13 倍。

河北省第一产业产值从 2010 年的 2 562.81 亿元增长至 2015 年的 3 439.45 亿元，增长幅度为 34.21%。同期，河北省第二产业产值从 10 707.67 亿元增长至 14 386.87 亿元，增长幅度与第一产业相近，达到 34.36%。河北省第三产业产值从 7 123.77 亿元增长至 2015 年的 11 979.79 亿元，增长幅度为 68.17%，达到第一产业、第二产业增长幅度的 2 倍左右。此外，河北省第二产业产值、第三产业产值均远高于第一产业产值。但河北省第三产业产值与第二产业产值的差距在不断缩小，2010 年第三产业产值为第二产业产值的 0.67 倍，2015 年已达到 0.83 倍。而第二产业产值与第一产业产值的差距呈波动式变化，从 2010 年的 4.18 倍扩大至 2011 年的 4.52 倍，随后持续缩小至 2015 年的 4.18 倍。

从京津冀产业结构转型升级的成效来看,"十二五"期间,北京市第三产业产值高于河北省、河北省第三产业产值高于天津市。北京市第二产业产值低于天津市、天津市第二产业产值低于河北省。北京市第一产业产值低于天津市、天津市第一产业产值低于河北省。

(2) 京津冀三次产业比重变化

世界银行公布的2008年世界国内生产总值产业构成信息显示,最不发达地区第一产业产值占比为25.1%,而高收入国家仅为1.4%。与之相反,高收入国家第三产业比重一般在70%以上,最不发达国家和中等偏下收入国家低于50%,见表3.1。

表3.1 2008年不同收入国家的三次产业结构构成 单位:%

国家和地区	第一产业比重	第二产业比重	第三产业比重
世界	3	28	69
最不发达地区	25.1	28.9	46.1
中等偏下收入国家	13.7	40.8	45.5
中低收入国家	10.5	36.6	52.9
中等偏上收入国家	6	32.6	61.4
高收入国家	1.4	26.1	72.5
中国	11.3	48.6	40.1

注:根据世界银行WDI数据库资料整理。

现实经济中,配第-克拉克定律已证实了产业结构演进趋势。在经济发展初期,第一产业产值比重相对较高,随着经济发展程度的提高,主导产业结构存在着由第一产业向第二产业,进而再向第三产业转移的过程。即第一产业比重将呈现逐步下降的趋势,第二产业将占据区域经济的主导地位。在经济高度发达阶段,第二产业比重将经历第一产业相似的萎缩过程,以服务业为主的第三产业将成为经济新的主导产业。配第-克拉克定律不仅可用于解释国家层面的产业结构演进趋势,同样可解释区域产业结构的演化。

美国发展经济学家钱纳里将不发达经济到成熟工业经济整个变化过程划分为三个阶段六个时期,并认为从任何一个发展阶段向更高一个阶段的跃进都是通过产业结构升级推动的。钱纳里划分的工业化阶段与主导产业关系见表3.2。

表 3.2　钱纳里工业化阶段与主导产业关系①

<table>
<tr><th colspan="2">工业化阶段</th><th>主导产业</th></tr>
<tr><td rowspan="2">初期产业</td><td>不发达经济阶段</td><td>产业结构以农业为主,没有或极少有现代工业</td></tr>
<tr><td>工业化初期阶段</td><td>产业结构由以农业为主的传统结构逐步向现代工业转变,轻工业是主导产业,工业生产以食品、烟草、采掘、建材等初级产品为主</td></tr>
<tr><td rowspan="2">中期产业</td><td>工业化中期阶段</td><td>制造业由轻型工业向重型工业的迅速转变,也就是所谓的重化工业阶段,主导产业包括金属产业、非金属矿产品产业、石油、化工等</td></tr>
<tr><td>工业化后期阶段</td><td>开始由平稳增长转入持续高速增长,并成为区域经济增长的主要力量。这一时期发展最快的是现代装备制造业,同时第三产业开始快速发展</td></tr>
<tr><td rowspan="2">后期产业</td><td>后工业化阶段</td><td>产业结构由资本密集型产业为主导向以技术密集型产业为主导转换,金融、信息、广告、公用事业、咨询等现代服务业发达</td></tr>
<tr><td>现代化阶段</td><td>第三产业开始分化,知识密集型产业开始从服务业中分离出来,并占主导地位</td></tr>
</table>

从京津冀三次产业比重变化来看,2010 年,京津冀第三产业比重已成功突破 50%,达到 50.22%。"十二五"期间,京津冀第三产业比重逐渐上升,2015 年京津冀第三产业比重已超过 55%,达到 56.14%。但是与高收入国家第三产业比重仍存在较大的差距。与此同时,京津冀第一产业、第二产业的比重保持持续下降的变化态势,京津冀第一产业比重从 2010 年的 6.48%降至 2015 年的 5.46%,京津冀第二产业比重从 2010 年的 43.3%降至 2015 年的 38.4%。2010 年,京津冀三次产业结构比为 6.48∶43.30∶50.22。2015 年,京津冀三次产业结构比为 5.46∶38.40∶56.14。"十二五"期间,京津冀经济总量构成排名前三位的分别是重工业、第三产业和轻工业,京津冀第二产业的重工业化倾向明显。因此,按照钱纳里工业化阶段理论可初步判断,京津冀总体处于工业化中期阶段。"十二五"期间京津冀三次产业比重的变化趋势见图 3.9。

从图 3.9 中可以看出,随着经济的发展,北京市第三产业比重呈现较为明显的上升趋势,由 2010 年的 75.11%升至 2015 年的 79.65%,接近 80%。同期,北京市第一产业比重从 0.88%降至 0.61%,第二产业比重从 24.01%降至 19.74%,低于

① 苏东水.产业经济学[M].北京:高等教育出版社,2005.

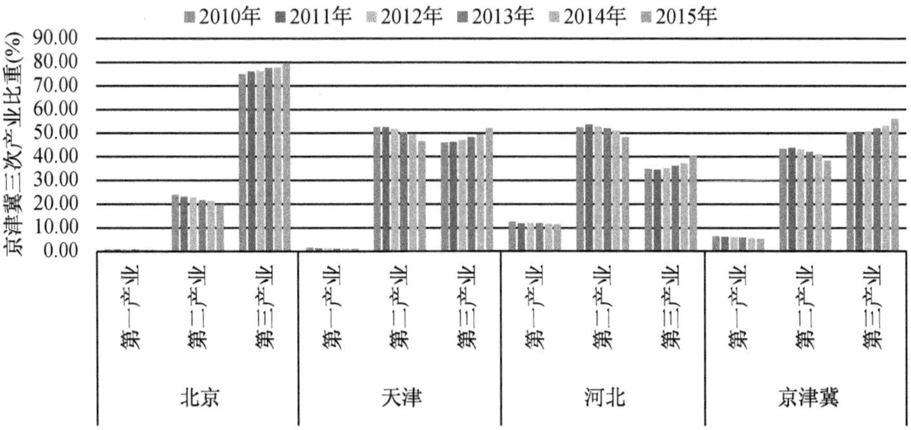

注:指标数据来源于《中国统计年鉴 2011—2016》。

图 3.9 “十二五”期间京津冀三次产业比重的变化趋势

20%。根据表 3.1,北京市第一产业、第二产业和第三产业等三次产业比重已达到高收入国家水平。

2010 年天津市第三产业比重达到 45.95%,至 2015 年,天津市第三产业比重突破 50%,达到 52.15%,天津市实现产业结构的转型升级,第三产业成为主导产业。而天津市第二产业比重从 2010 年的 52.47%降至 2015 年的 46.58%,天津市第一产业比重从 2010 年的 1.58%降至 2015 年的 1.26%。根据表 3.1,天津市第一产业比重已达到高收入国家水平,但第二产业比重相对于高收入国家的 26.1%仍偏高,属于中等偏下收入国家水平。第三产业比重相对于高收入国家的 72.5%仍偏低,属于中低收入国家水平。

2010 年河北省第三产业比重远低于北京市、天津市和京津冀,仅为 34.93%,至 2015 年,河北省第三产业比重突破 40%,达到 40.19%。同期,河北省第二产业比重逐渐下降,从 2010 年的 52.5%降至 2015 年的 48.27%,已低于 50%。但河北省第二产业比重仍高于第三产业,河北省仍未实现产业结构的转型升级,第二产业仍为主导产业。河北省第一产业比重从 2010 年的 12.57%降至 2015 年的 11.54%,远高于北京市、天津市和京津冀。根据表 3.1,河北省第一产业比重相对于高收入国家的 1.4%仍存在巨大的差距,属于中低收入国家水平。河北省第二产业比重相对于高收入国家的 26.1%同样存在巨大的差距,属于中等偏下收入国家水平。河北省第三产业比重相对于高收入国家的 72.5%仍偏低,属于中等偏下收入国家水平。

(3) 京津冀三次产业结构变动

从京津冀三次产业结构变动系数来看,“十二五”期间,京津冀第一产业结构变动系数为负值,京津冀第一产业呈现逐步收缩态势,京津冀第一产业的收缩速率表现为“先快、后慢、再逐步加快”的变化趋势。京津冀第二产业结构变动系数呈现由正到负的变动态势,2010—2011 年,在“4 万亿”投资刺激下京津冀第二产业快速从收缩中反弹,2012 年开始减弱,京津冀第二产业结构变动系数变为负值,第二产业收缩趋势明显。除 2011 年之外,京津冀第三产业结构变动系数为正值,说明第三产业基本维持较为稳定的扩张态势。“十二五”期间京津冀三次产业结构变动系数见图 3.10。

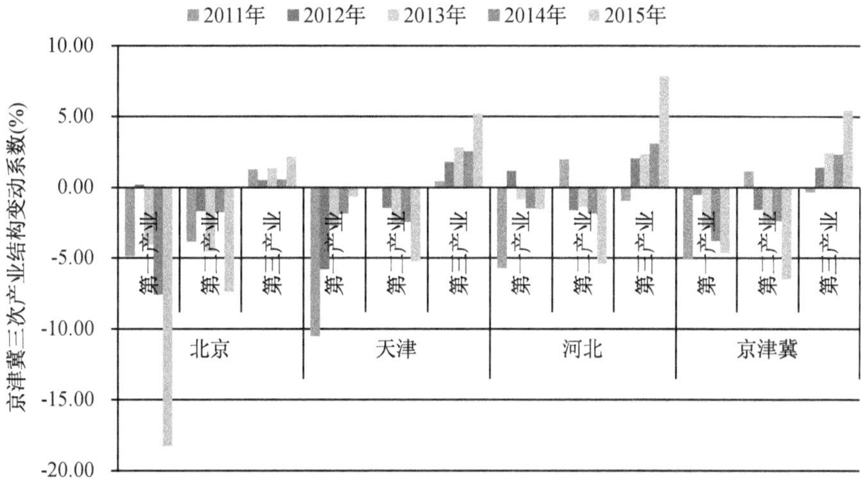

注:指标数据来源于《中国统计年鉴 2011—2016》。

图 3.10　“十二五”期间京津冀三次产业结构变动系数

从图 3.10 中可以看出,“十二五”期间,北京市、天津市第一产业、第二产业的结构变动系数常年为负值,而北京市、天津市第三产业结构变动系数一直为正值,说明北京市、天津市第一产业、第二产业一直处于收缩态势,同期,北京市、天津市第三产业处于扩张态势。2010—2011 年,由于经济刺激计划的作用,河北省第二产业再次扩张;自 2012 年开始,伴随国家产业结构的调整和经济形势的变化,由于产能过剩等因素的作用,工业企业效益大幅下滑,第二产业再次进入收缩期,而第三产业处于扩张态势,但第三产业发展程度要弱于北京市、天津市,传统制造业仍在国民经济中占据主导地位,产业升级进度并不明显。

2015 年,京津冀三次产业结构比为 5.46 ∶ 38.40 ∶ 56.14,全国三次产业结构比重为9∶40.5∶50.5，京津冀产业结构优于全国平均水平，以第三产业为重，第一产业比重较低，经济发展已然进入后工业化阶段。但相比长三角地区的产业结构，京津冀还有待优化。首先，第一产业农业比重要高于长三角地区；其次，第三产业发展落后于长三角地区。尽管宏观上京津冀整体产业结构优于全国平均水平，然而，其内部发展却严重不平衡，河北省和京津两地差距较大，河北省内部产业发展也并不协调。首先，北京的经济发展非常理想，第一产业农业比重极低，第三产业比重接近80%，达到了第三产业驱动经济发展的理想水平。天津的发展差强人意，已经实现破除第一产业经济束缚的目标，二三产业比重几乎持平，如何拉开二三产业差距，加强第三产业的驱动力量是天津经济发展的目标。然而，河北省的发展却差距悬殊，整体产业结构不仅难以与京津冀整体水平相平衡，更是落后于全国经济发展的平均水平。河北省整体产业结构与京津两地落差较大的问题，主要源于河北省内产业发展的严重不平衡。从第一产业看，仅有廊坊市优于全国平均水平，优于河北省平均水平的城市仅达到40%；从第三产业分析，所有城市均落后于全国平均水平，优于河北省平均水平的比重也仅为40%。因此，京津冀产业发展不平衡是制约京津冀一体化的核心问题，产业结构进一步优化亟待解决。

3.2 经济发展评价指标体系设计

(1) 指标筛选模型

采用在基于代表性筛选指标原则的基础上，补充主成分因子所遗漏的局部信息的方法进行指标筛选。

基于代表性筛选指标原则是指采用因子分析法对经济发展维度的指标进行筛选，对经济发展维度的初始指标进行主成分分析，筛选出对主成分因子贡献度较大的经济发展维度指标。其基本思想为：

假设对经济发展维度的 n 个初始指标提取主成分因子，其中初始指标总体 $X_k=(X_{k1},X_{k2},\cdots,X_{kn})^{\mathrm{T}}(k=2)$，提取出主成分因子总体 $Y_k=(Y_{k1},Y_{k2},\cdots,Y_{km})^{\mathrm{T}}$ $(k=2)(m\leqslant n)$，且 $Y_k=(Y_{k1},Y_{k2},\cdots,Y_{km})^{\mathrm{T}}(k=2)$ 的列秩 $=m$，其中 $Y_{ki}=\alpha_i^{\mathrm{T}}X_k(k=2)(i=1,2,\cdots,m)$，$\alpha_i$ 是 $n\times1$ 维向量，$Y_{km}(k=2)$ 是与 $Y_{k1}(k=2)$，$Y_{k2}(k=2)$，$\cdots$，$Y_{k(m-1)}(k=2)$ 不相关的 $(X_{k1},X_{k2},\cdots,X_{kn})^{\mathrm{T}}(k=2)$ 一切线性组合中方差最大的。其中，方差的大小代表主成分因子可解释初始指标信息量的大小，因此 $Y_{k1}(k=2)$，$Y_{k2}(k=2)$，$\cdots$，$Y_{km}(k=2)$ 被称作 $X_k(k=2)$ 的第一主成分因子、第二主成分因子、……、第 m 主成分因子，且其所能解释的初始指标的信息量依次递减。在此基础上，筛选得出经济发展维度的代表性指标。

由于主成分因子反映的是主要投影方向的指标信息，存在遗漏局部信息的问题，所以在基于代表性所筛选的指标的基础上，再补充偏离主要投影方向的、重要的指标。

（2）指标体系设计

经济发展水平可以从区域总体经济发展水平、经济结构、投资消费水平三个维度进行衡量。综合现有文献，结合指标的重要性及数据的可获取性，初步选定地区生产总值(Z_1)、地区生产总值占比(Z_2)、地方财政一般预算支出(Z_3)、地方财政一般预算收入(Z_4)作为区域总体经济发展水平指标；初步选定第一产业增加值(Z_5)、工业增加值(Z_6)、第三产业增加值(Z_7)作为经济结构指标；将全社会固定资产投资(Z_8)、社会消费品零售总额(Z_9)、居民消费水平(Z_{10})作为投资消费水平指标。

根据各指标意义，结合主成分分析法，弥补主成分因子忽略的局部信息，对经济发展初始指标进行筛选。首先对 2009—2015 年我国北京、天津、河北及京津冀地区 10 个经济发展指标进行 KMO 和 Bartlett 的检验(见表 3.3)。

表 3.3　经济发展初始指标 KMO 和 Bartlett 的检验

检验项		经济发展指标
取样足够度的 Kaiser-Meyer-Olkin 度量		0.759
Bartlett 的球形度检验	近似卡方	1 125.997
	df	45
	Sig.	0.000

注：指标数据来源于中国统计局网站。

检验结果显示，经济发展初始指标 KMO 值大于 0.7，表明初始指标适合做因子分析；Bartlett 球形检验的 Sig. 取值为 0，表明各经济发展指标之间存在线性相关性，能够提取主成分因子。

运行 SPSS 软件，分别对经济发展初始指标提取主成分因子 W_1、W_2 及综合发展因子 W，见式(3.1)：

$$\begin{cases} W_1 = 0.065Z_1 + 0.002Z_2 + 0.165Z_3 + 0.305Z_4 - 0.315Z_5 - 0.117Z_6 + \\ \qquad 0.264Z_7 - 0.098Z_8 + 0.108Z_9 + 0.398Z_{10} \\ W_2 = 0.100Z_1 + 0.157Z_2 - 0.014Z_3 - 0.179Z_4 + 0.519Z_5 + 0.292Z_6 - \\ \qquad 0.130Z_7 + 0.272Z_8 + 0.050Z_9 - 0.296Z_{10} \\ W = 52.7\%W_1 + 44.3\%W_2 \end{cases} \tag{3.1}$$

式中：主成分因子线性表达式中各指标系数即为因子得分，因子得分的绝对值代表各指标对主成分因子的贡献度。结合各指标的代表性意义，各指标对主成分因子的贡献度，以及指标间相关系数(见表3.4)，对初始经济发展指标进行筛选。

表3.4 经济发展初始指标相关系数矩阵

指标	Z_1	Z_2	Z_3	Z_4	Z_5	Z_6	Z_7	Z_8	Z_9	Z_{10}
Z_1	1.000	0.922	0.977	0.925	0.797	0.948	0.946	0.948	0.989	0.843
Z_2	0.922	1.000	0.848	0.791	0.778	0.898	0.847	0.843	0.886	0.758
Z_3	0.977	0.848	1.000	0.972	0.697	0.875	0.977	0.910	0.990	0.890
Z_4	0.925	0.791	0.972	1.000	0.525	0.771	0.992	0.798	0.948	0.959
Z_5	0.797	0.778	0.697	0.525	1.000	0.899	0.583	0.896	0.760	0.352
Z_6	0.948	0.898	0.875	0.771	0.899	1.000	0.797	0.971	0.901	0.683
Z_7	0.946	0.847	0.977	0.992	0.583	0.797	1.000	0.818	0.968	0.941
Z_8	0.948	0.843	0.910	0.798	0.896	0.971	0.818	1.000	0.930	0.681
Z_9	0.989	0.886	0.990	0.948	0.760	0.901	0.968	0.930	1.000	0.853
Z_{10}	0.843	0.758	0.890	0.959	0.352	0.683	0.941	0.681	0.853	1.000

对于区域总体经济发展水平指标Z_1、Z_2、Z_3、Z_4，指标Z_1、Z_3、Z_4对主成分因子的综合贡献度相近，且相比指标Z_2高。其中指标Z_1，地区生产总值反映了整个地区最终商品的产值，保留Z_1；指标Z_4，地方财政一般预算收入相比Z_3对主成分因子的综合贡献度高且与Z_1相关性相对较小，保留Z_4。对于经济结构指标Z_5、Z_6、Z_7，指标Z_7对主成分因子的综合贡献度最大，保留；对于投资消费水平指标Z_8、Z_9、Z_{10}，指标Z_9、Z_{10}对主成分因子的综合贡献度相近且比Z_8要大，但指标Z_9与已保留指标Z_1的相关性太强(相关系数=0.989)，因此保留指标Z_{10}，居民消费水平。

通过筛选，最终确定地区生产总值、地方财政一般预算收入作为区域总体经济发展水平指标；确定第三产业增加值作为经济结构指标；确定居民消费水平作为消费水平指标。京津冀经济发展评价指标体系见表3.5。

表3.5 京津冀经济发展评价指标体系

一级指标	二级指标	正负贡献	指标代码	单位
经济水平指标	地区生产总值	+	n_1	万亿元
	地方财政一般预算收入	+	n_2	万亿元
经济结构指标	第三产业增加值	+	s_2	万亿元
消费水平指标	居民消费水平	+	s_3	万元

3.3　经济发展综合指数评价

对“十二五”期间我国北京、天津、河北、京津冀地区经济发展的 4 个指标进行 KMO 和 Bartlett 的检验（见表 3.6），考虑到经济发展相对科技创新的滞后性，选用 1 年滞后期，所有经济发展指标采用 2010—2015 年数据。

表 3.6　经济发展维度 KMO 和 Bartlett 的检验

检验项		取值
取样足够度的 Kaiser-Meyer-Olkin 度量		0.776
Bartlett 的球形度检验	近似卡方	196.738
	df	6
	Sig.	0.000

检验结果显示，KMO 值为 0.776，表明各经济发展指标可以做因子分析；Bartlett 球形检验的 Sig. 取值为 0，表明各经济社会发展指标之间存在线性相关性，能够提取主成分因子。经济发展维度主成分分析的特征值及方差贡献率见表 3.7。

表 3.7　经济发展维度主成分分析的特征值及方差贡献率

成分	初始特征值			提取平方和载入		
	合计	方差(%)	累积(%)	合计	方差(%)	累积(%)
1	3.801	95.034	95.034	3.801	95.034	95.034
2	0.166	4.138	99.171			
3	0.029	0.719	99.891			
4	0.004	0.109	100.000			

由表 3.7 可以看出，成分 1 的方差为 3.801，远高于其他成分方差，表明该成分占据的经济发展维度信息最多，且其方差贡献率达 95.034%，因此适合提取一个主成分因子，根据成分得分矩阵及方差贡献率可得主成分因子 N 和 t 时刻经济初始综合指数 $K_2(t)$，表达式如下：

$$\begin{cases} N = 0.250zn_1 + 0.262zn_2 + 0.262zn_3 + 0.252zn_4 \\ K_2(t) = 95\ 034\% \times N \end{cases} \tag{3.2}$$

对式(3.2)计算出的经济发展初始综合指数 $K_2(t)$ 进行取正归一化调整，最终得到京津冀经济发展维度综合指数（见表 3.8）。

表 3.8　京津冀经济发展维度综合指数

年份	地区			
	北京	天津	河北	京津冀地区
2010	0.140 7	0.011 0	0.052 4	0.500 4
2011	0.191 3	0.047 4	0.096 0	0.630 9
2012	0.225 4	0.076 9	0.125 3	0.723 9
2013	0.265 9	0.110 4	0.148 4	0.821 0
2014	0.301 6	0.138 4	0.164 0	0.900 2
2015	0.352 5	0.169 7	0.181 5	1.000 0

由表 3.8 可以看出，“十二五”期间北京、天津、河北及京津冀地区经济发展水平均实现逐年递增，且京津冀地区总体水平优于北京，北京优于河北，河北优于天津，且北京与河北的差距较大，河北与天津的水平相近。主要原因在于：经济发展维度综合指数是基于各经济指标的数据规模，京津冀地区经济指标的数据规模为北京、天津、河北加总，自然远超三地区，而河北省地域面积及人口远超天津，对其经济发展水平高于天津存在一定的影响。

4　京津冀社会治理评价体系

4.1　社会治理现状评价

4.1.1　人口变化

(1) 人口总量变化

从京津冀人口总量变化来看，“十二五”期间，京津冀人口总量略有增加，从2010年的10 455万人增至2015年的11 143万人，增长了6.58%，年均增长率超过1%。其中，城镇人口从5 921万人增至6 966万人，增长幅度超过年末常住人口总量，达到17.65%。城镇化率从2010年的56.65%提高到2015年的62.5%。“十二五”期间京津冀人口总量变化趋势见图4.1。

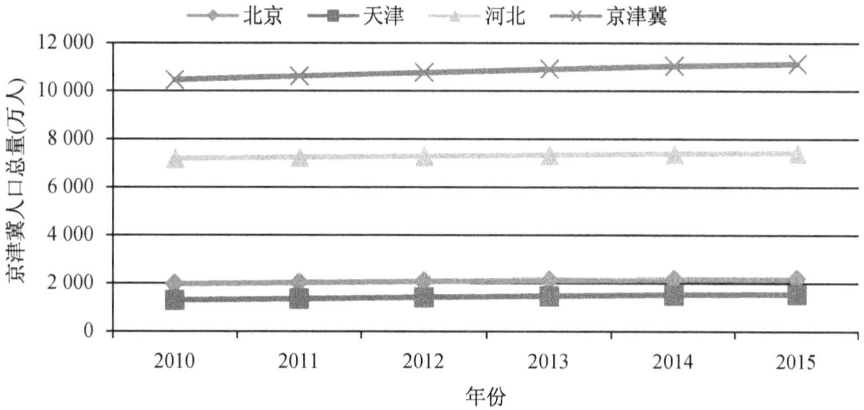

注：指标数据来源于《中国统计年鉴2011—2016》。

图4.1　“十二五”期间京津冀人口总量变化趋势

从图4.1可以看出，进入“十二五”时期，北京市年末常住人口总量占京津冀的比重为19.31%，已超过2 000万人，并保持增长态势，从2010年的1 962万人增至2015年的2 171万人，增长了10.65%，年均增长率高达2%以上。2010—2014年，北京市人口自然增长率从3.07‰持续提高到4.83‰，2015年降为3‰。“十二五”期间，北京市城镇人口总量占京津冀的比重为27.7%，超过1 700万人，2015年增至1 877万人，增长幅度超过其年末常住人口总量，增长了11.33%。2015年北京市城镇化率已达到86.5%。

进入“十二五”时期，天津市年末常住人口总量占京津冀的比重为13.4%，已超过1 500万人，并保持增长态势，从2010年的1 299万人增至2015年的1 547万人，远超过北京市，增长了19.09%，年均增长率高达3.5%以上。2010—2014年，天津市人口自然增长率从2.6‰持续下降至2.14‰，2015年急剧降为0.23‰。“十二五”期间，天津市城镇人口总量占京津冀的比重为18.3%，超过1 000万人，增长幅度超过其年末常住人口总量，从2010年的1 034万人增至2015年的1 278万人，增长了23.60%。“十二五”期间，天津市城镇化率超过80%，2015年天津市城镇化率已达到82.6%。

进入“十二五”时期，河北省年末常住人口总量占京津冀的比重高达67.3%，已超过7 000万人，并保持增长态势，从2010年的7 194万人增至2015年的7 425万人，远超过北京市和天津市，增长了3.21%，年均增长率高达0.6%以上。2010—2015年，河北省人口自然增长率呈现波动式变化态势，从2010年的6.81‰持续下降至2013年的6.17‰，2014年又提高到6.95‰，2015年进一步降为5.56‰。“十二五”期间，河北省城镇人口总量占京津冀的比重高达54.0%，超过3 000万人，远高于北京市和天津市之和，增长幅度超过其年末常住人口总量，从2010年的5 921万人增至2015年的6 966万人，增长了19.06%。“十二五”期末，河北省城镇化率超过50%，达到51.3%。

(2) 城镇登记失业人口变化

从京津冀城镇登记失业人口总量变化来看，“十二五”期间，京津冀城镇登记失业人口有所增加，从2010年的58.97万人增至2015年的72.34万人，增长了22.67%。但京津冀城镇登记失业率有所下降，从2010年的3.1%降至2014年的2.99%，2015年略有回升，达到3.05%。“十二五”期间京津冀城镇登记失业人口总量变化趋势见图4.2。

从图4.2可看出，“十二五”期间，北京市城镇登记失业人口总量有所增加，从2010年的7.73万人增至2015年的7.85万人，增长了1.55%。北京市城镇登记失业人口总量占京津冀的比重为11.6%，城镇登记失业率较低并保持稳定发展态

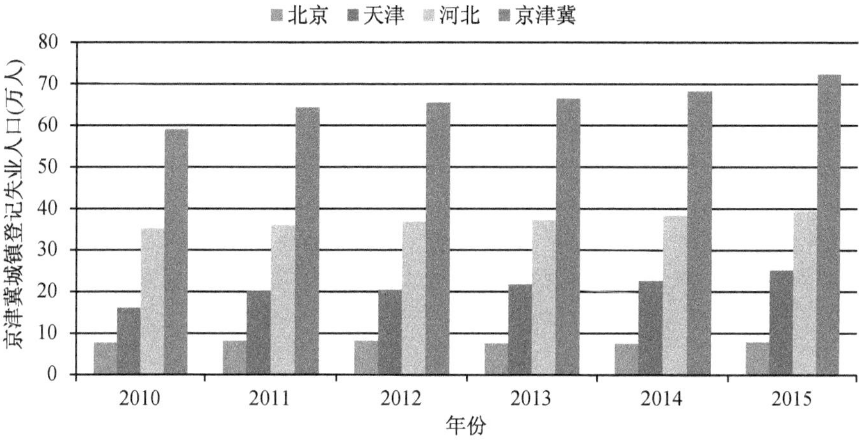

注:指标数据来源于《中国统计年鉴 2011—2016》。

图 4.2 “十二五”期间京津冀城镇登记失业人口总量变化趋势

势,从 2010 年的 1.4%降至 2013 年的 1.2%,2015 年进一步增至 1.4%。

“十二五”期间,天津市城镇登记失业人口总量有所增加,从 2010 年的 16.1 万人增至 2015 年的 25.08 万人,增长幅度高达 55.78%。天津市城镇登记失业人口总量占京津冀的比重高于北京市,达到 32.6%,城镇登记失业率保持平稳下降的变化态势,从 2010 年的 3.6%降至 2015 年 3.5%。

“十二五”期间,河北省城镇登记失业人口总量有所增加,从 2010 年的 35.14 万人增至 2015 年的 39.41 万人,增长了 12.15%。河北省城镇登记失业人口总量占京津冀的比重高达 55.8%,城镇登记失业率保持下降态势,从 2010 年的 3.9%降至 2015 年的 3.6%。

(3) 6 岁及以上受教育人口总量变化

从 6 岁及以上受教育人口总量变化来看(每年为 1%人口抽样调查样本数据),京津冀从 2009 年的 820 330 人增至 2015 年的 1 611 080 人,翻了近一番。“十二五”期间京津冀 6 岁及以上受教育人口总量变化趋势见图 4.3。

从图 4.3 可以看出,北京市 6 岁及以上受教育人口总量从 2009 年的 144 060 人增至 2015 年的 316 773 人,翻了一番。天津市 6 岁及以上受教育人口总量从 2009 年的 100 680 人增至 2015 年的 228 196 人,翻了一番。河北省 6 岁及以上受教育人口总量从 2009 年的 575 590 人增至 2015 年的 1 066 111 人,翻了近一番。

(4) 受高等教育人口总量变化

从受高等教育的普通高等学校在校学生数总量变化来看,“十二五”期间,京津

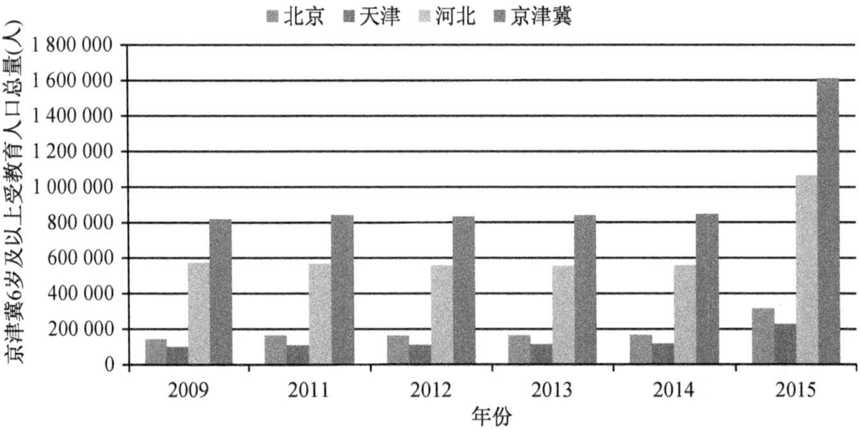

注:指标数据来源于《中国统计年鉴 2011—2016》。每年为 1%人口抽样调查样本数据,2010 年数据缺失。

图 4.3 "十二五"期间京津冀 6 岁及以上受教育人口总量变化趋势

冀普通高等学校在校学生数总量上升幅度较慢,仅从 2010 年的 212.14 万人增至 2015 年的 229.57 万人,增幅为 8.22%。"十二五"期间京津冀普通高等学校在校学生数总量变化趋势见图 4.4。

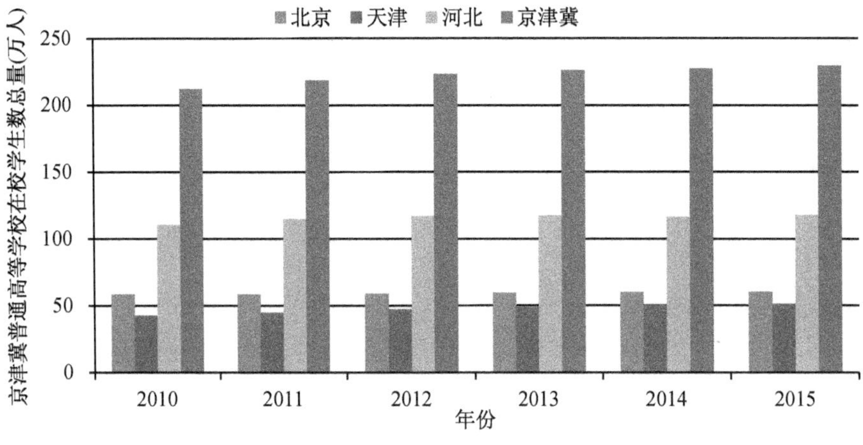

注:指标数据来源于《中国统计年鉴 2011—2016》。

图 4.4 "十二五"期间京津冀普通高等学校在校学生数总量变化

从图 4.4 中可看出,"十二五"期间,北京市普通高等学校在校学生数总量突破 60 万人,从 2010 年的 58.71 万人增至 2015 年的 60.36 万人,增长了 2.81%。"十二五"期间,北京市普通高等学校在校学生数总量占京津冀的比重为 26.29%。

"十二五"期间,天津市普通高等学校在校学生数总量突破 50 万人,从 2010 年的 42.92 万人增至 2015 年的 51.29 万人,增长了 19.50%,远高于北京市和京津冀整体水平。"十二五"期间,天津市普通高等学校在校学生数总量占京津冀的比重为 22.34%。

"十二五"期间,河北省普通高等学校在校学生数总量突破 115 万人,从 2010 年的 110.51 万人增至 2015 年的 117.92 万人,增长了 6.71%,高于北京市,低于天津市和京津冀整体水平。"十二五"期间,河北省普通高等学校在校学生数总量占京津冀的比重为 51.37%,超过北京市和天津市之和。

4.1.2　民生服务变化

(1) 居民储蓄变化

从城乡居民人民币储蓄存款变化来看,"十二五"期间,京津冀城乡居民人民币储蓄存款年底余额有较快增长,2010 年为 38 239.7 亿元,2015 年超过 60 000 亿元,增长幅度为 58.63%。"十二五"期间京津冀城乡居民人民币储蓄存款变化趋势见图 4.5。

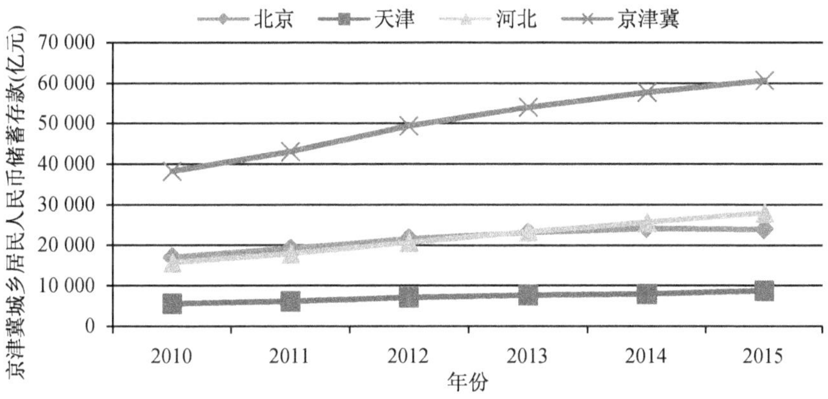

注:指标数据来源于《中国统计年鉴 2011—2016》。2015 年河北省和京津冀的数据系作者估算。

图 4.5　"十二五"期间京津冀城乡居民人民币储蓄存款变化趋势

从图 4.5 中可以看出,"十二五"期间,北京市城乡居民人民币储蓄存款年底余额保持较快增长态势,2010 年为 17 003.1 亿元,2012 年超过 2 万亿元,达到 21 644.9 亿元,2015 年增至 23 914 亿元。"十二五"期间,北京市城乡居民人民币储蓄存款年底余额的增幅为 40.64%。

"十二五"期间,天津市城乡居民人民币储蓄存款年底余额低于北京市,但其增长幅度高于北京市，2010 年为 5 558.2 亿元，2015 年增至 8 743.8 亿元。“十二五”期间，天津市城乡居民人民币储蓄存款年底余额的增幅为 57.31%。

“十二五”期间，河北省城乡居民人民币储蓄存款年底余额低于北京市、高于天津市，但其增长幅度高于北京市和天津市，2010 年为 15 678.4 亿元，2015 年增至 2.8 万亿元左右。“十二五”期间，河北省城乡居民人民币储蓄存款年底余额的增幅为 78.59%。

(2) 教育支出变化

从京津冀教育支出变化来看，“十二五”期间，京津冀地方财政教育支出增长了 1 倍，从 2010 年的 1 194.08 亿元增至 2015 年的 2 404.27 亿元。同期，教育经费从 1 624.82 亿元增至 2 812.53 亿元，增长了 73.10%。“十二五”期间京津冀教育支出变化趋势见图 4.6。

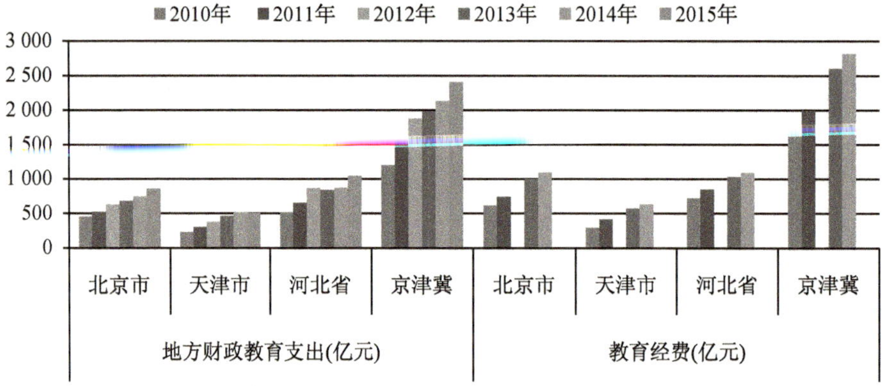

注：指标数据来源于《中国统计年鉴 2011—2016》。

图 4.6 “十二五”期间京津冀教育支出变化趋势

从图 4.6 中可以看出，“十二五”期间，北京市地方财政教育支出增长幅度略低于京津冀，从 2010 年的 450.22 亿元增至 2015 年的 855.67 亿元，增长了 90.06%。同期，北京市教育经费支出增长幅度略高于京津冀，从 2010 年的 613.44 亿元增至 2014 年的 1 093.74 亿元，增幅为 78.30%。“十二五”期间，北京市地方财政教育支出占京津冀的比重为 34.76%。而北京市教育支出占京津冀的比重为 38.21%。

“十二五”期间，天津市地方财政教育支出增长幅度略高于北京市和京津冀，从 2010 年的 229.56 亿元增至 2015 年的 507.44 亿元，增长了 121.05%。同期，天津市教育经费支出增长幅度同样高于北京市和京津冀，从 2010 年的 292.10 亿元增至 2014 年的 632.63 亿元，增幅为 116.58%。“十二五”期间，天津市地方财政教育支出占京津冀的比重低于北京市，为 21.98%。而天津市教育支出占京津冀的比重同样低于北京市，为 21.82%。

“十二五”期间，河北省地方财政教育支出增长幅度略高于北京市和京津冀、低于天津市，从 2010 年的 514.3 亿元增至 2015 年的 1 041.16 亿元，增长了 102.44%。同期，河北省教育经费支出增长幅度低于北京市、天津市和京津冀，从 2010 年的 719.27 亿元增至 2014 年的 1 086.17 亿元，增幅为 51.01%。“十二五”期间，河北省地方财政教育支出占京津冀的比重高于北京市和天津市，为 43.26%。而河北省教育支出占京津冀的比重同样高于北京市和天津市，为 39.97%。

(3) 医疗保险变化

从医疗卫生机构变化来看，“十二五”期间，京津冀医疗卫生机构数略有下降，从 2010 年的 95 356 个降至 2015 年的 93 588 个，降幅为 1.85%。但京津冀医疗卫生机构床位数增加较快，从 2010 年的 39.13 万张增至 2015 年的 51.74 万张，增幅达到 32.23%。2015 年京津冀城镇基本医疗保险年末参保人数达到 4 374.4 万人，占京津冀城镇人口的 62.80%。2015 年京津冀城镇居民医疗保险基金累计结余超过 100 亿元，达到 106.43 亿元，为 2011 年的 3.84 倍。“十二五”期间京津冀医疗卫生机构变化趋势见图 4.7。

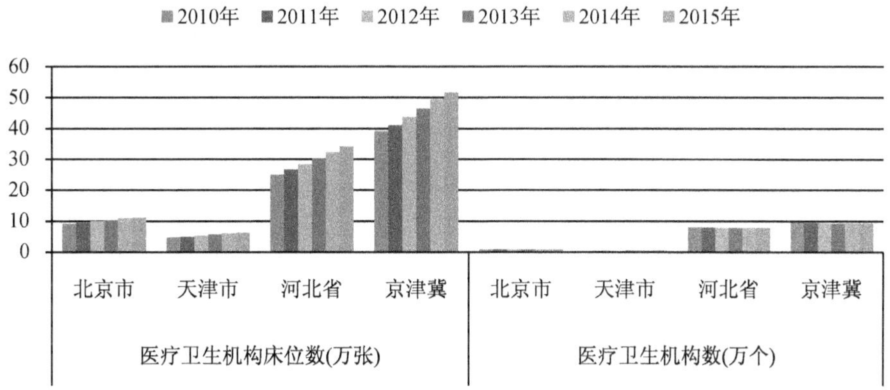

注：指标数据来源于《中国统计年鉴 2011—2016》。

图 4.7　“十二五”期间京津冀医疗卫生机构变化趋势

从图 4.7 中可以看出，“十二五”期间，北京市医疗卫生机构数略有增加，从 2010 年的 9 411 个增至 2015 年的 9 771 个，增幅为 3.83%，超过京津冀的下降幅度。北京市医疗卫生机构床位数也保持增长态势，从 2010 年的 9.28 万张增至

2015 年的 11.16 万张，增幅达到 20.26%。2015 年北京市城镇基本医疗保险年末参保人数达到 1 656.6 万人，占北京市城镇人口的 88.26%。2015 年北京市城镇居民医疗保险基金累计结余超过 25 亿元，达到 25.51 亿元，为 2011 年的 3.06 倍，占京津冀的比重为 23.97%。

“十二五”期间，天津市医疗卫生机构数快速增加，从 2010 年的 4 542 个增至 2015 年的 5 223 个，增幅高达 14.99%，相比北京市和京津冀整体水平较高。天津市医疗卫生机构床位数也保持较快的增长态势，从 2010 年的 4.88 万张增至 2015 年的 6.37 万张，增幅达到 30.53%。但医疗卫生机构床位数仅占北京的一半。2015 年天津市城镇基本医疗保险年末参保人数达到 1 054.1 万人，占天津市城镇人口的 82.48%，略低于北京市。2015 年天津市城镇居民医疗保险基金累计结余超过 30 亿元，达到 32 亿元左右，为 2011 年的近 21 倍，占京津冀的比重为 30.05%。

“十二五”期间，河北省医疗卫生机构数远高于北京市和天津市，但处于减少态势，从 2010 年的 81 403 个减至 2015 年的 78 594 个，降幅为 3.45%，超过京津冀的下降幅度。但河北省医疗卫生机构床位数保持较快的增长态势，从 2010 年的 24.97万张增至 2015 年的 34.21 万张，增幅达到 37.00%。2015 年河北省城镇基本医疗保险年末参保人数达到 1 663.7 万人，占河北省城镇人口的 43.65%，远低于北京市和天津市。2015 年河北省城镇居民医疗保险基金累计结余接近 50 亿元，为 2011 年的 2.74 倍，占京津冀的比重为 45.98%。

（4）养老保险变化

从城镇职工参加养老保险人数变化来看，“十二五”期间，京津冀城镇职工参加养老保险人数从 2010 年的 2 401.2 万人增至 2015 年的 3 309.91 万人，占京津冀城镇人口的 47.51%。京津冀基本养老保险累计结余也翻了一番多，从 2010 年的 1 383.8 亿元增至 3 948.79 亿元，增长幅度达 185.4%。“十二五”期间京津冀养老保险变化趋势见图 4.8。

从图 4.8 中可以看出，“十二五”期间，北京市城镇职工参加养老保险人数处于快速增长变化态势，从 2010 年的 981.3 万人增至 2015 年的 1 424.25 万人，占北京市城镇人口的 75.87%。北京市基本养老保险累计结余翻了三番，2010 年仅为 617.9 亿元，2015 年增至 2 796.57 亿元，占京津冀的比重为 70.82%。“十二五”期间，北京市基本养老保险累计结余增幅高达 3.53 倍。

“十二五”期间，天津市城镇职工参加养老保险人数处于较快增长变化态势，从 2010 年的 431.5 万人增至 2015 年的 565.18 万人，占天津市城镇人口的 44.22%。

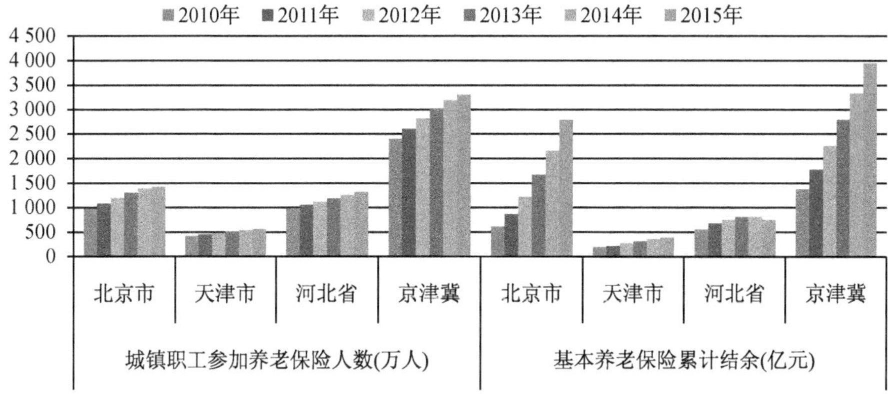

注:指标数据来源于《中国统计年鉴 2011—2016》。

图 4.8 "十二五"期间京津冀养老保险变化趋势

天津市基本养老保险累计结余翻了近一番,2010 年仅为 203 亿元,2015 年增至 396.42 亿元,占京津冀的比重为 10.04%。"十二五"期间,天津市基本养老保险累计结余增幅为 95.28%。

"十二五"期间,河北省城镇职工参加养老保险人数处于较快增长变化态势,从 2010 年的 988.4 万人增至 2015 年的 1 320.48 万人,占河北省城镇人口的 34.65%。河北省基本养老保险累计结余从 2010 年的 562.9 亿元增至 2015 年的 755.80 亿元,占京津冀的比重为 19.14%。"十二五"期间,河北省基本养老保险累计结余增幅为 34.27%。

(5) 交通运输变化

1) 交通里程变化

从京津冀交通里程变化来看,"十二五"期间,京津冀铁路营业里程的增长幅度相比其公路里程翻了一番。京津冀铁路里程从 2010 年的 0.69 万千米增至 2015 年的 0.93 万千米,增幅为 34.78%。同期,京津冀公路里程从 19.02 万千米增至 22.31 万千米,增幅为 17.30%。"十二五"期间,京津冀交通里程变化趋势见图 4.9。

从图 4.9 中可看出,"十二五"期间,北京市铁路营业里程的增长幅度超过其公路里程,但铁路营业里程远低于公路里程。北京市铁路营业里程从 2010 年的 0.12 万千米仅增至 2015 年的 0.13 万千米。2015 年,北京市铁路营业里程占京津冀的比重为 13.98%,北京市公路里程占京津冀的比重为 9.81%。

"十二五"期间,天津市铁路营业里程的增长幅度超过其公路里程,但铁路营业

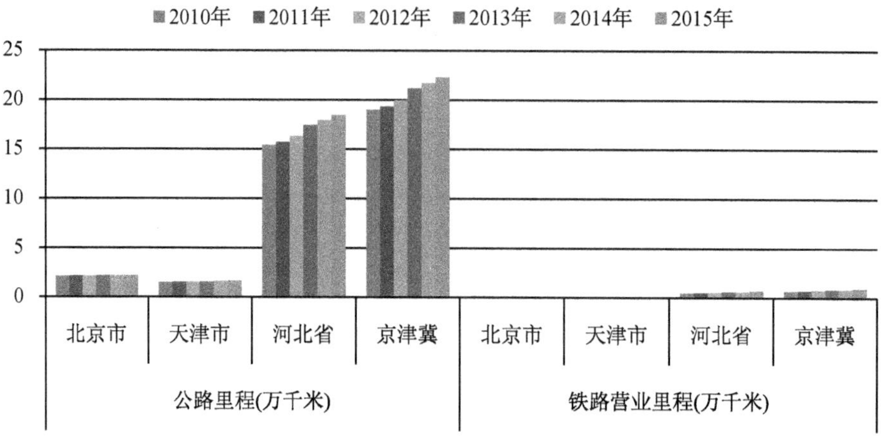

注:指标数据来源于《中国统计年鉴 2011—2016》。

图 4.9 “十二五”期间京津冀交通里程变化趋势

里程远低于公路里程。天津市铁路营业里程从 2010 年的 0.08 万千米仅增至 2015 年的 0.10 万千米。2015 年,天津市铁路营业里程占京津冀的比重为 10.75%、天津市公路里程占京津冀的比重为 7.44%,均低于北京市。

“十二五”期间,河北省铁路营业里程的增长幅度低于其公路里程,且铁路营业里程远低于公路里程。河北省铁路营业里程从 2010 年的 0.49 万千米仅增至 2015 年的 0.70 万千米。2015 年,河北省铁路营业里程占京津冀的比重为 75.27%、河北省公路里程占京津冀的比重为 82.74%,均远高于北京市、天津市和京津冀整体水平。

2) 交通量变化

从京津冀交通量变化来看,“十二五”期间,京津冀交通客运量快速下降,从 2010 年的 25.04 万人降至 2015 年的 13.45 万人,降幅达到 46.29%。同期,京津冀交通货运量处于缓慢增长态势,从 2010 年的 21.84 亿吨增至 2015 年的 26.69 亿吨,增幅为 22.21%。“十二五”期间京津冀交通量变化态势见图 4.10。

从图 4.10 中可看出,“十二五”期间,北京市客运量保持快速下降态势,同时货运量缓慢下降。北京市客运量从 2010 年的 13.50 亿人降至 2015 年的 6.28 亿人,降幅超过京津冀整体水平,达到 53.48%。北京市货运量从 2.18 亿吨降至 2.01 亿吨,降幅为 7.80%。“十二五”期间,北京市客运量占京津冀的比重为 46.74%,而北京市货运量占京津冀的比重仅为 7.52%。

“十二五”期间,天津市客运量保持较快下降态势,但货运量缓慢增长。天津市

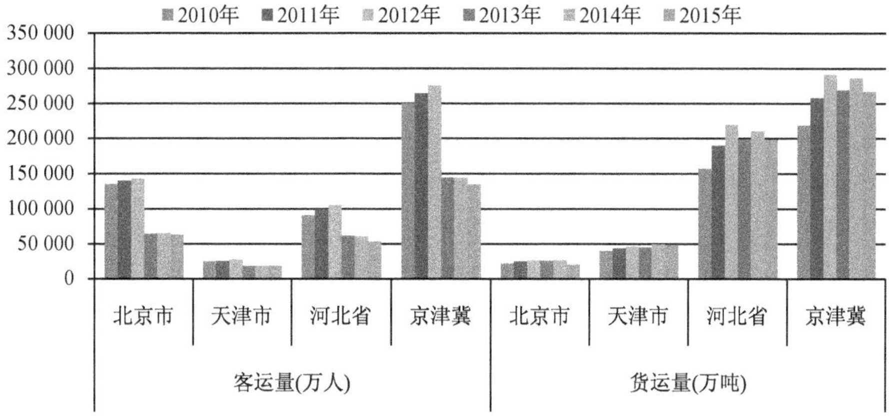

注:指标数据来源于《中国统计年鉴 2011—2016》。

图 4.10 "十二五"期间京津冀交通量变化趋势

客运量从 2010 年的 2.45 亿人降至 2015 年的 1.83 亿人,降幅低于京津冀整体水平,为 25.31%。天津市货运量从 4.00 亿吨增至 4.88 亿吨,增幅超过京津冀整体水平,为 22.00%。"十二五"期间,天津市客运量占京津冀的比重为 13.64%,天津市货运量占京津冀的比重仅为 18.28%。

"十二五"期间,河北省客运量保持快速下降态势,但货运量缓慢增长。河北省客运量从 2010 年的 9.08 亿人降至 2015 年的 5.33 亿人,降幅接近京津冀整体水平,为 41.30%。河北省货运量从 15.66 亿吨增至 19.80 亿吨,增幅超过北京市、天津市和京津冀整体水平,为 26.44%。"十二五"期间,河北省客运量占京津冀的比重为 39.62%,略低于北京市。河北省货运量占京津冀的比重为 74.20%,远高于北京市和天津市。

4.2 社会治理评价指标体系设计

(1) 指标筛选模型

采用在基于代表性筛选指标原则的基础上,补充主成分因子所遗漏的局部信息的方法进行指标筛选。

基于代表性筛选指标原则是指采用因子分析法对社会治理维度的指标进行筛选,即对社会治理维度的初始指标进行主成分分析,筛选出对主成分因子贡献度较大的社会治理维度指标。其基本思想为:

假设对社会治理维度的 n 个初始指标提取主成分因子,其中初始指标总体

$X_k=(X_{k1},X_{k2},\cdots,X_{kn})^{T}(k=3)$，提取出主成分因子总体 $Y_k=(Y_{k1},Y_{k2},\cdots,Y_{km})^{T}(k=3)(m\leqslant n)$，且 $Y_k=(Y_{k1},Y_{k2},\cdots,Y_{km})^{T}(k=3)$ 的列秩$=m$，其中 $Y_{ki}=\alpha_i^{T}X_k(k=3)(i=1,2,\cdots,m)$，$\alpha_i$ 是 $n\times1$ 维向量，$Y_{km}(k=3)$ 是与 $Y_{k1}(k=3)$、$Y_{k2}(k=3)$、…、$Y_{k(m-1)}(k=3)$ 不相关的 $(X_{k1},X_{k2},\cdots,X_{kn})^{T}(k=3)$ 一切线性组合中方差最大的。其中，方差的大小代表主成分因子可解释初始指标信息量的大小，因此 $Y_{k1}(k=3)$、$Y_{k2}(k=3)$、…、$Y_{km}(k=3)$ 被称作 $X_k(k=3)$ 的第一主成分因子、第二主成分因子、……、第 m 主成分因子，且其所能解释的初始指标的信息量依次递减。在此基础上，筛选得出社会治理维度的代表性指标。

由于主成分因子反映的是主要投影方向的指标信息，存在遗漏局部信息的问题，所以在基于代表性所筛选的指标的基础上，再补充偏离主要投影方向的、重要的指标。

(2) 评价指标体系设计

对社会治理的衡量涉及多个维度，如人口、就业、教育、公共服务、医疗等方面。综合现有文献，结合指标的重要性及数据的可获取性，从人口、居民生活水平、教育水平、公共服务、居民保险水平五个维度选择社会治理评价指标。初步选定年末常住人口(C_1)、城镇人口作为人口指标(C_2)；城镇登记失业率(C_3)、城镇登记失业人数(C_4)、城乡居民人民币储蓄存款年底余额(C_5)作为居民生活水平指标；初步选定地方财政教育支出(C_6)、教育经费(C_7)、6 岁及 6 岁以上受教育人口数(C_8)、普通高等学校在校学生数(C_9)作为教育水平指标；初步选定医疗卫生机构床位数(C_{10})、医疗卫生机构数(C_{11})、邮电业务总量(C_{12})、货运量(C_{13})、公路里程(C_{14})、铁路营业里程(C_{15})、客运量作为公共服务指标(C_{16})；初步选定城镇基本医疗保险年末参保人数(C_{17})、城镇职工参加养老保险人数(C_{18})、基本养老保险累计结余(C_{19})、参加失业保险人数(C_{20})、失业保险累计结余(C_{21})、年末参加生育保险人数(C_{22})、生育保险累计结余(C_{23})、享受工伤待遇的人数(C_{24})、工伤保险累计结余(C_{25})、工伤保险年末参保人数(C_{26})作为居民保险水平指标。

根据各指标意义，结合主成分分析法，弥补主成分因子忽略的局部信息，对社会治理初始指标进行筛选。由于社会治理初始指标较多，部分指标间相关性较弱，因此分别对 2009—2015 年我国北京、天津、河北及京津冀地区 16 个人口、居民生活水平、教育水平、公共服务指标以及 9 个居民保险水平指标进行因子分析。社会治理初始指标 KMO 和 Bartlett 的检验见表 4.1。

表 4.1 社会治理初始指标 KMO 和 Bartlett 的检验

检验项		人口、居民生活水平、教育水平、公共服务指标	居民保险水平指标
取样足够度的 Kaiser-Meyer-Olkin 度量		0.654	0.745
Bartlett 的球形度检验	近似卡方	1 688.811	827.811
	df	120	45
	Sig.	0.000	0.000

注:指标数据来源于中国统计局网站。

检验结果显示,社会治理初始指标 KMO 值均大于 0.6,表明初始指标适合做因子分析;Bartlett 球形检验的 Sig. 取值为 0,表明指标之间存在线性相关性,能够提取主成分因子。

运行 SPSS 软件,分别对社会治理初始指标中的人口、居民生活水平、教育水平、公共服务指标以及居民保险水平指标提取主成分因子 D_1、D_2、D_3 和综合建设水平因子 D,以及主成分因子 F,见式(4.1):

$$
\begin{cases}
D_1 = 0.087ZC_1 + 0.096ZC_2 - 0.103ZC_3 + 0.052ZC_4 + 0.084ZC_5 + \\
\quad 0.041ZC_6 + 0.056ZC_7 - 0.175ZC_8 + 0.107ZC_9 + 0.067ZC_{10} + \\
\quad 0.075ZC_{11} + 0.117ZC_{12} + 0.054ZC_{13} + 0.056ZC_{14} + 0.052ZC_{15} + \\
\quad 0.219ZC_{16} \\
D_2 = 0.085ZC_1 - 0.019ZC_2 + 0.544ZC_3 + 0.130ZC_4 - 0.179ZC_5 - \\
\quad 0.112ZC_6 - 0.144ZC_7 + 0.008ZC_8 - 0.014ZC_9 + 0.046ZC_{10} + \\
\quad 0.162ZC_{11} - 0.172ZC_{12} + 0.161ZC_{13} + 0.158ZC_{14} + 0.112ZC_{15} - \\
\quad 0.237ZC_{16} \\
D_3 = -0.081ZC_1 - 0.091ZC_2 - 0.013ZC_3 - 0.001ZC_4 + 0.136ZC_5 + \\
\quad 0.234ZC_6 + 0.201ZC_7 + 0.764ZC_8 - 0.065ZC_9 + 0.029ZC_{10} - \\
\quad 0.118ZC_{11} - 0.028ZC_{12} - 0.034ZC_{13} - 0.040ZC_{14} + 0.025ZC_{15} - \\
\quad 0.377ZC_{16} \\
D = 68.8\%D_1 + 13.8\%D_2 + 11.4\%D_3 \\
F = 0.105ZC_{17} + 0.107ZC_{18} + 0.099ZC_{19} + 0.104ZC_{20} + 0.103ZC_{21} + \\
\quad 0.107ZC_{22} + 0.103ZC_{23} + 0.098ZC_{24} + 0.107ZC_{25} + 0.106ZC_{26}
\end{cases}
\tag{4.1}
$$

式(4.1)中,主成分因子线性表达式中各指标系数即为因子得分,因子得分的绝对值代表各指标对主成分因子的贡献度。结合各指标的代表性意义,各指标对主成分因子的贡献度,以及指标间相关系数(见表4.2),对初始社会治理指标进行筛选。

表4.2 社会治理初始指标相关系数矩阵

指标	C_1	C_2	C_3	C_4	C_5	C_6	C_7	C_8	C_9	C_{10}	C_{11}	C_{12}	C_{13}	C_{14}	C_{15}	C_{16}
C_1	1.00	0.97	0.33	0.95	0.84	0.82	0.81	0.33	0.97	0.99	0.98	0.76	0.97	0.98	0.99	0.69
C_2	0.97	1.00	0.18	0.95	0.93	0.91	0.91	0.37	1.00	0.98	0.90	0.81	0.93	0.92	0.96	0.74
C_3	0.33	0.18	1.00	0.46	−0.11	0.02	−0.03	0.09	0.21	0.26	0.42	−0.08	0.45	0.41	0.35	−0.21
C_4	0.95	0.95	0.46	1.00	0.81	0.84	0.83	0.37	0.96	0.94	0.89	0.70	0.95	0.92	0.94	0.61
C_5	0.84	0.93	−0.11	0.81	1.00	0.98	0.98	0.44	0.91	0.90	0.73	0.77	0.79	0.77	0.84	0.70
C_6	0.82	0.91	0.02	0.84	0.98	1.00	0.99	0.51	0.89	0.89	0.71	0.69	0.82	0.76	0.84	0.59
C_7	0.81	0.91	−0.03	0.83	0.98	0.99	1.00	0.47	0.90	0.88	0.69	0.72	0.79	0.74	0.82	0.61
C_8	0.33	0.37	0.09	0.37	0.44	0.51	0.47	1.00	0.33	0.42	0.30	0.36	0.33	0.36	0.42	0.02
C_9	0.97	1.00	0.21	0.96	0.91	0.89	0.90	0.33	1.00	0.97	0.90	0.81	0.92	0.91	0.94	0.77
C_{10}	0.99	0.98	0.26	0.94	0.90	0.89	0.88	0.42	0.97	1.00	0.95	0.76	0.97	0.97	0.99	0.66
C_{11}	0.98	0.90	0.42	0.89	0.73	0.71	0.69	0.30	0.90	0.95	1.00	0.69	0.95	0.99	0.97	0.61
C_{12}	0.76	0.81	−0.08	0.70	0.77	0.69	0.72	0.36	0.81	0.76	0.69	1.00	0.61	0.68	0.71	0.72
C_{13}	0.97	0.93	0.45	0.95	0.79	0.82	0.79	0.33	0.92	0.97	0.95	0.61	1.00	0.97	0.98	0.58
C_{14}	0.98	0.92	0.41	0.92	0.77	0.76	0.74	0.36	0.91	0.97	0.99	0.68	0.97	1.00	0.99	0.58
C_{15}	0.99	0.96	0.35	0.94	0.84	0.84	0.82	0.42	0.94	0.99	0.97	0.71	0.98	0.99	1.00	0.60
C_{16}	0.69	0.74	−0.21	0.61	0.70	0.59	0.61	0.02	0.77	0.66	0.61	0.72	0.58	0.58	0.60	1.00

指标	C_{17}	C_{18}	C_{19}	C_{20}	C_{21}	C_{22}	C_{23}	C_{24}	C_{25}	C_{26}
C_{17}	1.00	0.99	0.81	0.93	0.90	0.95	0.89	0.96	0.95	0.97
C_{18}	0.99	1.00	0.87	0.96	0.92	0.98	0.91	0.94	0.97	0.99
C_{19}	0.81	0.87	1.00	0.88	0.93	0.92	0.92	0.69	0.94	0.86
C_{20}	0.93	0.96	0.88	1.00	0.87	0.94	0.92	0.83	0.94	0.98
C_{21}	0.90	0.92	0.93	0.87	1.00	0.94	0.96	0.82	0.96	0.90
C_{22}	0.95	0.98	0.92	0.94	0.94	1.00	0.93	0.89	0.97	0.96
C_{23}	0.89	0.91	0.92	0.92	0.96	0.93	1.00	0.78	0.95	0.91
C_{24}	0.96	0.94	0.69	0.83	0.82	0.89	0.78	1.00	0.86	0.91
C_{25}	0.95	0.97	0.94	0.94	0.96	0.97	0.95	0.86	1.00	0.96
C_{26}	0.97	0.99	0.86	0.98	0.90	0.96	0.91	0.91	0.96	1.00

对于人口指标 C_1、C_2，两指标对主成分因子的综合贡献度相近，从指标意义来看，年末常住人口指标和城镇人口指标结合能够同时反映区域人口规模及结构，因此两指标均做保留；对于居民生活水平指标 C_3、C_4、C_5，指标 C_3、C_4 均反映失业情况，其中指标 C_4 对主成分因子的贡献度较大，但与人口指标相关系数均大于 0.9，指标 C_3 对主成分因子的贡献度最低，但与其他指标的相关性普遍很小，为主成分因子遗漏信息指标，因此保留 C_3，指标 C_5 反映了居民收入情况，也做保留；对于教育水平指标 C_6、C_7、C_8、C_9，指标 C_6、C_7 反映教育投入情况，其中 C_7 对主成分因子的贡献度较大且与其他指标相关性较小，保留指标 C_7，指标 C_8、C_9 反映教育产出情况，其中指标 C_9 对主成分因子的贡献度最大，但与人口指标数据接近完全相关，指标 C_8 对主成分因子的贡献度很低，但与其他指标的相关性普遍较小，为主成分因子遗漏信息指标，保留指标 C_8；对于公共服务指标 C_{10}～C_{16}，指标 C_{10}、C_{11} 反映社会医疗水平，其中 C_{11} 对主成分因子的贡献度较大且与其他指标相关性较小，保留指标 C_{11}，指标 C_{12}～C_{16} 反映交通物流情况，以指标 C_{16} 对主成分因子的贡献度最大且与其他指标相关性较小，因此保留指标 C_{16}；对于居民保险水平指标 C_{17}～C_{26}，以指标 C_{18} 对主成分因子的贡献度最大，保留指标 C_{18}，参考相关系数矩阵，除指标 C_{19} 与指标 C_{18} 的相关性较小外，其他指标与指标 C_{18} 的相关系数均大于 0.9，因此保留指标 C_{19}，筛选掉其他保险水平指标。

通过筛选，最终确定年末常住人口、城镇人口作为人口指标；城镇登记失业率、城乡居民人民币储蓄存款年底余额作为人民生活水平指标；教育经费、6 岁及 6 岁以上受教育人口数作为教育水平指标；医疗卫生机构数、客运量作为公共服务指标；城镇职工参加养老保险人数、基本养老保险累计结余作为居民保险水平指标。京津冀社会治理评价指标体系见表 4.3。

表 4.3　京津冀社会治理评价指标体系

一级指标	二级指标	正负贡献	指标代码	单位
人口指标	年末常住人口	+	s_1	人
	城镇人口	+	s_2	人
人民生活水平指标	城镇登记失业率	—	s_3	%
	城乡居民人民币储蓄存款年底余额	+	s_4	万元
教育水平指标	教育经费	+	s_5	万元
	6 岁及 6 岁以上受教育人口数	+	s_6	人

续表

一级指标	二级指标	正负贡献	指标代码	单位
公共服务指标	医疗卫生机构数	+	s_7	个
	客运量	+	s_8	万人
居民保险水平指标	城镇职工参加养老保险人数	+	s_9	人
	基本养老保险累计结余	+	s_{10}	万元

4.3 社会治理综合指数评价

对“十二五”期间北京、天津、河北及京津冀地区社会治理的10个指标进行KMO和Bartlett的检验(见表4.4),考虑到社会治理相对科技创新的滞后性,因此,与经济发展一致,选用1年滞后期,所有社会治理指标采用2010—2015年数据。

表4.4 社会治理维度KMO和Bartlett的检验

检验项		取值
取样足够度的 Kaiser-Meyer-Olkin 度量		0.664
Bartlett 的球形度检验	近似卡方	672.353
	df	45
	Sig.	0.000

检验结果显示,KMO值为0.664,表明各社会治理指标可以做因子分析;Bartlett球形检验的Sig.取值为0,表明各社会治理指标之间存在线性相关性,能够提取主成分因子。社会治理维度主成分分析的特征值及方差贡献率见表4.5,其中为更真实地反映主成分因子的情况,选择旋转后的平方和载入对其进行分析。

表4.5 社会治理维度主成分分析的特征值及方差贡献率

成分	初始特征值			旋转平方和载入		
	合计	方差(%)	累积(%)	合计	方差(%)	累积(%)
1	6.836	68.356	68.356	6.171	61.714	61.714
2	1.524	15.241	83.598	1.684	16.838	78.552
3	1.060	10.597	94.195	1.564	15.643	94.195
4	0.363	3.635	97.830			
5	0.172	1.723	99.553			

续表

成分	初始特征值			旋转平方和载入		
	合计	方差(%)	累积(%)	合计	方差(%)	累积(%)
6	0.038	0.384	99.937			
7	0.004	0.041	99.977			
8	0.002	0.022	99.999			
9	0.000	0.001	100.000			
10	0.000	0.000	100.000			

由表 4.5 可以看出，成分 1 的方差为 6.836，远高于其他成分方差，表明该成分占据的社会治理维度信息最多，成分 2、成分 3 的方差分别为 1.524 和 1.060，相对其他成分较高，三个成分方差贡献率累计 94.195%，因此适合提取三个主成分因子，根据成分得分矩阵及方差贡献率可得主成分因子 S_1、S_2、S_3 和 t 时刻社会治理初始综合指数 $K_3(t)$，表达式如下：

$$\begin{cases} S_1 = 0.127ZS_1 + 0.142ZS_2 + 0.103ZS_3 + 0.145ZS_4 + 0.118ZS_5 - \\ \qquad 0.180ZS_6 + 0.106ZS_7 + 0.269ZS_8 + 0.163ZS_9 + 0.098ZS_{10} \\ S_2 = 0.220ZS_1 + 0.113ZS_2 - 0.617ZS_3 - 0.087ZS_4 - 0.058ZS_5 + \\ \qquad 0.066ZS_6 + 0.294ZS_7 - 0.103ZS_8 - 0.096ZS_9 - 0.282ZS_{10} \\ S_3 = -0.071ZS_1 - 0.030ZS_2 - 0.056ZS_3 + 0.075ZS_4 + 0.139ZS_5 + \\ \qquad 0.759ZS_6 - 0.089ZS_7 - 0.432ZS_8 + 0.022ZS_9 + 0.255ZS_{10} \\ K_3(t) = 61.714\% \times S_1 + 16.838\% \times S_2 + 15.643\% \times S_3 \end{cases} \tag{4.2}$$

对式(4.2)计算出的社会治理初始综合指数 $K_3(t)$ 进行取正归一化调整，最终得到“十二五”期间京津冀社会治理维度综合指数(见表 4.6)。

表 4.6　“十二五”期间京津冀社会治理维度综合指数

年份	地区			
	北京	天津	河北	京津冀地区
2010	0.227 1	0.120 9	0.428 4	0.779 6
2011	0.252 0	0.131 5	0.449 6	0.836 7
2012	0.272 3	0.143 2	0.469 3	0.893 9

续表

年份	地区			
	北京	天津	河北	京津冀地区
2013	0.255 9	0.148 0	0.465 3	0.884 8
2014	0.285 1	0.154 7	0.478 5	0.929 1
2015	0.316 4	0.167 2	0.510 6	1.000 0

由表 4.6 可以看出，“十二五”期间北京、天津、河北及京津冀地区社会治理均实现逐年递增，且京津冀地区总体水平优于河北，河北优于北京，北京优于天津，且河北与北京的差距较大，北京与天津的差距较小，主要原因在于社会治理维度综合指数是基于各社会指标的数据规模计算的，而社会治理指标的数据规模与地域范围呈正比。

5　京津冀生态环境建设评价体系

5.1　生态环境建设现状评价

5.1.1　地方财政环保投资变化

从京津冀地方财政环境保护支出的变化来看,“十二五”期间,京津冀地方财政环境保护支出实现快速增长,翻了2倍。2010年京津冀地方财政环境保护支出虽突破200亿元,但仍然较低,仅为203.11亿元。至2015年,京津冀地方财政环境保护支出已突破600亿元,达到659.08亿元。“十二五”期间京津冀地方政府环境保护支出变化趋势见图5.1。

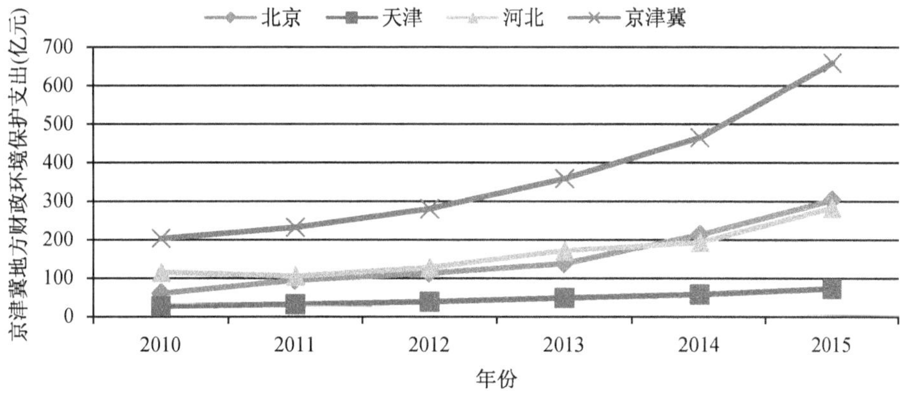

注:指标数据来源于《中国统计年鉴2011—2016》。

图5.1　“十二五”期间京津冀地方财政环境保护支出变化趋势

从图5.1中可看出,“十二五”期间,北京市地方财政环境保护支出增长最快,翻了近4倍。2010年,天津市地方财政环境保护支出远低于北京市和河北省,仅为 27.1 亿元,北京市地方财政环境保护支出达到 60 亿元左右,达到天津市的 2 倍以上。河北省地方财政环境保护支出为 115.16 亿元,达到天津市的 4 倍以上。2015 年,天津市地方财政环境保护支出仅增至 73.1 亿元,未突破 100 亿元。北京市地方财政环境保护支出已超过 300 亿元,达到 303.26 亿元,达到天津市的 4 倍以上,超过了河北省地方财政环境保护支出 282.72 亿元。

此外,从京津冀工业污染治理完成投资的变化来看,2010—2014 年,京津冀工业污染治理完成投资从 292 612 万元增至 1 186 136 万元,翻了两倍,2014 年首次突破 100 亿元。2015 年,京津冀工业污染治理完成投资略有下降,为 881 626 万元。"十二五"期间京津冀工业污染治理完成投资变化趋势见图 5.2。

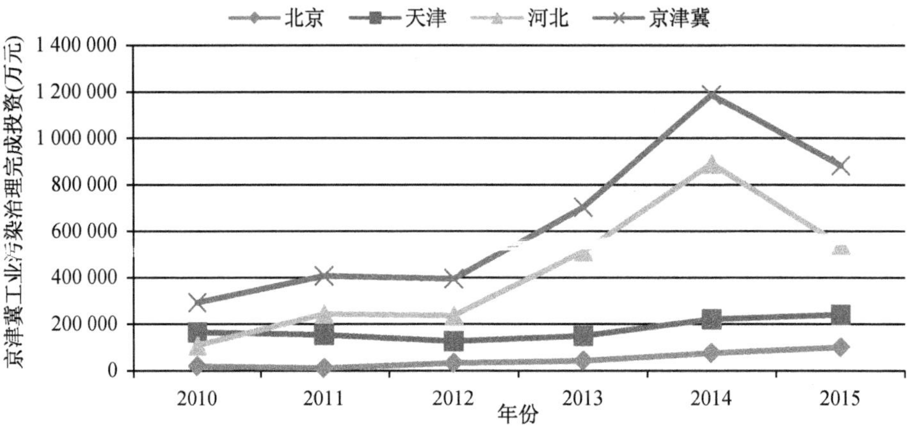

注:指标数据来源于《中国统计年鉴 2011—2016》。

图 5.2 "十二五"期间京津冀工业污染治理完成投资变化趋势

从图 5.2 中可看出,"十二五"期间,京津冀工业污染治理完成投资变化受到河北省的影响较大,河北省工业污染治理完成投资远高于北京市和天津市。但河北省与北京市的差距不断缩小,河北省与天津市的差距不断扩大。2010—2011 年,河北省工业污染治理完成投资与北京市的差距从 5.6 倍迅速扩大到 22 倍以上,随后逐渐缩小,至 2015 年缩小到 5 倍左右。2010—2014 年,河北省工业污染治理完成投资与天津市的差距从 0.7 倍逐渐扩大到 4.0 倍,2015 年降至 2.3 倍。总体来看,北京市工业污染治理完成投资最低,但增长最快,从 2010 年的 1.9 亿元增至 2015 年的近 10 亿元。其次是河北省,从 2010 年的 10.9 亿元增至 2015 年的 54.2 亿元。天津市工业污染治理完成投资的增长幅度最小,从 2010 年的 16.5 亿元增至 2015 年的 24.0 亿元。

5.1.2　资源能源利用与环境保护变化

（1）水资源利用变化

1）水资源总量变化

京津冀大部分隶属于海河流域，京津冀地区面积占海河流域总面积的62.8%，包括北京市和天津市的全部，河北省面积的91.5%。由于自然地理因素的影响，海河流域水资源总量整体匮乏，是中国全部水资源一级区中水资源蕴含量和人均水资源占有量最少的流域。与此同时，由于社会经济的高速发展和高污染产业比重过高，海河流域也是整体水质最差的流域。因此，京津冀地区所面临的水资源整体形势非常严峻。

“十二五”期间，除2012年京津冀年水资源总量高达308亿立方米之外，京津冀年水资源总量介于138亿～215亿立方米，均值为182亿立方米左右。京津冀水资源总量表现为“快速增长—缓慢减少—逐渐增长”的变化趋势。“十二五”期间，京津冀地表水资源量年均值约为95.98亿立方米，而地下水资源量年均值约为152.43亿立方米，超过地表水资源量。“十二五”期间京津冀水资源总量变化趋势见图5.3。

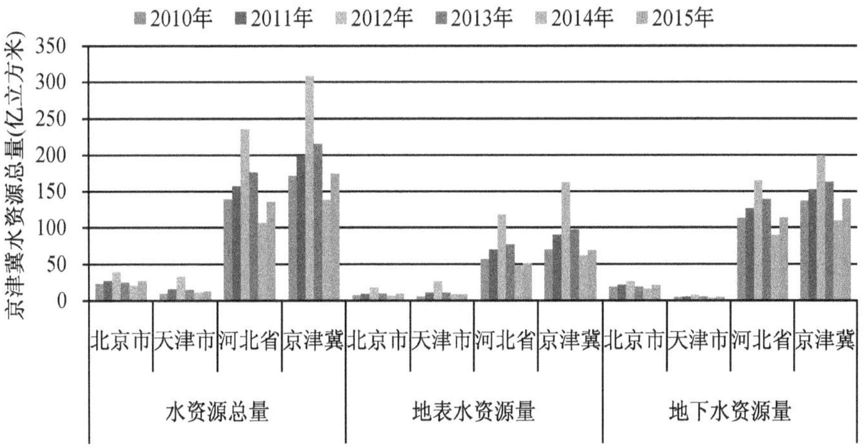

注：指标数据来源于《中国统计年鉴2011—2016》。

图5.3　“十二五”期间京津冀水资源总量变化趋势

从图5.3中可看出，北京市水资源总量除2012年高达39.5亿立方米之外，其他年份均未超过30亿立方米，最低为20.3亿立方米，最高为26.81亿立方米。从北京市地表水资源量变化来看，2012 年高达 17.95 亿立方米，2014 年低至 6.5 亿立方米，其他年份稳定在 9 亿立方米左右，“十二五”期间的年均值约为 12.5 亿立方米。从北京市地下水资源量变化来看，2012 年高达 26.49 亿立方米，2014 年低至 15.96 亿立方米，2015 年达到 20.6 亿立方米，“十二五”期间的年均值约为 20.6 亿立方米。总体来看，北京市占京津冀水资源总量的平均比重约为 13.35%，2015 年高于平均比重 2 个百分点，达到 15.34%。

“十二五”期间，天津市水资源总量除 2012 年达到 32.94 亿立方米之外，其他年份均未超过 16 亿立方米，最低为 11.37 亿立方米，最高为 15.39 亿立方米。从天津市地表水资源量变化来看，2012 年高达 26.54 亿立方米，2014 年低至 8.33 亿立方米，2015 年达到 8.7 亿立方米，“十二五”期间的年均值约为 13 亿立方米。从天津市地下水资源量变化来看，2012 年高达 7.62 亿立方米，2014 年低至 3.96 亿立方米，2015 年达到 4.9 亿立方米，“十二五”期间的年均值约为 5.3 亿立方米。总体来看，天津市占京津冀水资源总量的平均比重约为 8.42%，2015 年低于平均比重 1 个百分点，达到 7.33%。

“十二五”期间，河北省水资源总量除 2012 年高达 235.53 亿立方米之外，其他年份均未超过 180 亿立方米，最低为 106.16 亿立方米，最高为 175.86 亿立方米。从河北省地表水资源量变化来看，2012 年高达 117.75 亿立方米，2014 年低至 46.94亿立方米，2015 年达到 50.9 亿立方米左右，“十二五”期间的年均值约为 72.5亿立方米。从河北省地下水资源量变化来看，2012 年高达 164.84 亿立方米，2014 年低至 89.29 亿立方米，2015 年达到 113.6 亿立方米，“十二五”期间的年均值约为 126.6 亿立方米。总体来看，河北省占京津冀水资源总量的平均比重约为 78.23%，2015 年低于平均比重 1 个百分点，达到 77.33%。

2）供用水变化

从京津冀供水变化来看，“十二五”期间，京津冀通过供水工程设施，可供生活、生产、生态所利用的供水总量较为平稳，年均约为 253 亿立方米。一般主要由地表水和地下水两部分组成，是水资源总量中可被消耗利用的部分，其中地表水供水量约为 69 亿立方米，地下水供水量年均约为 171 亿立方米，其他供水量年均约为 13 亿立方米。京津冀地下水资源成为主要的供水水源，京津冀地下水供水量占供水总量的比重高达 67%左右，京津冀地表水供水量占供水总量的比重为 27%。地下水的过度开采易造成地面沉降、海水内侵，并导致局部地区水资源衰减和地下水污染。如何破解对地下水的过度依赖成为京津冀经济社会发展面临的重要问题。“十二五”期间京津冀供水变化趋势见图 5.4。

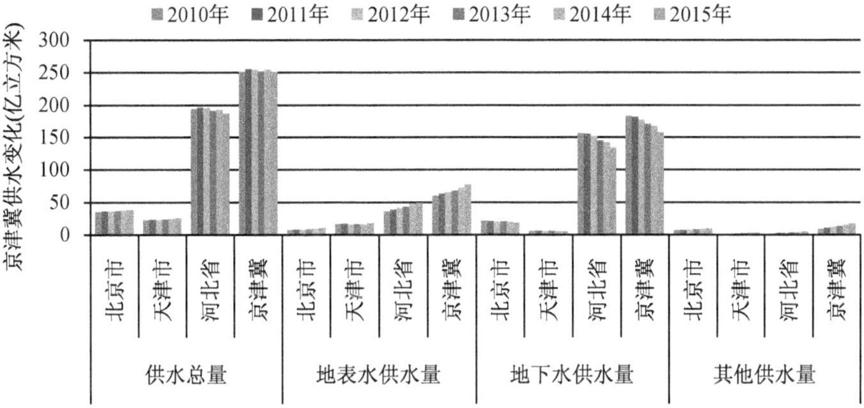

注:指标数据来源于《中国统计年鉴 2011—2016》。

图 5.4 “十二五”期间京津冀供水变化趋势

从图 5.4 可看出,“十二五”期间,北京市供水总量持续增长,2010 年为 35.2 亿立方米,2015 年增至 38.2 亿立方米,增长幅度为 8.52%。其中地表水供水量快速增长,从 2010 年的 7.21 亿立方米增长至 2015 年的 10.5 亿立方米,增长幅度高达 45.63%。而地下水供水量略有下降,从 2010 年的 21.19 亿立方米降至 2015 年的 18.2 亿立方米,下降幅度为 14.11%。其他供水量较快增长,从 2010 年的 6.8 亿立方米增至 2015 年的 9.5 亿立方米,增长幅度为 39.71%。从北京市供水结构来看,北京市地表水供水量占其供水总量的 24.00%,北京市地下水供水量占其供水总量的 53.87%,其他供水量占其供水总量的 22.13%。从京津冀供水结构来看,北京市地表水供水量占京津冀地表水供水量的比重、北京市地下水供水量占京津冀地下水供水量的比重均较低,分别为 12.78%、11.62%,而北京市其他供水量占京津冀其他供水量比重高达 59.59%。

“十二五”期间,天津市供水总量持续增长,2010 年为 22.49 亿立方米,2015 年增至 25.7 亿立方米,增长幅度为 14.27%。其中地表水供水量缓慢增长,从 2010 年的 16.17 亿立方米增长至 2015 年的 17.9 亿立方米,增长幅度为 10.70%。而地下水供水量缓慢下降,从 2010 年的 5.87 亿立方米降至 2015 年的 4.9 亿立方米,下降幅度为 16.52%。其他供水量快速增长,从 2010 年的 0.45 亿立方米增至 2015 年的 2.9 亿立方米,增长超过 5 倍,增长幅度达到 5.44 倍。从天津市供水结构来看,天津市地表水供水量占其供水总量的 69.16%,天津市地下水供水量占其供水总量的 22.74%,其他供水量占其供水总量的 8.11%。从京津冀供水结构来看,天津市地表水供水量占京津冀地表水供水量的比重、天津市地下水供水量占京津冀地下水供水量的比重均较低，分别为 23.98%、3.19%，天津市其他供水量占京津冀其他供水量比重为 14.22%。

“十二五”期间，河北省供水总量持续下降，2010 年为 193.68 亿立方米，2015 年增至 187.2 亿立方米，下降幅度为 3.35%。其中地表水供水量快速增长，从 2010 年的 36.14 亿立方米增长至 2015 年的 48.7 亿立方米，增长幅度高达 34.75%。而地下水供水量缓慢下降，从 2010 年的 155.98 亿立方米降至 2015 年的 133.6 亿立方米，下降幅度为 14.35%。其他供水量快速增长，从 2010 年的1.56 亿立方米增至 2015 年的 4.9 亿立方米，增长幅度为 2.14 倍。从河北省供水结构来看，河北省地表水供水量占其供水总量的 22.69%，河北省地下水供水量占其供水总量的 75.46%，其他供水量占其供水总量的 1.86%。从京津冀供水结构来看，河北省地表水供水量占京津冀地表水供水量的比重、河北省地下水供水量占京津冀地下水供水量的比重均较高，分别为 63.24%、85.19%，而河北省其他供水量占京津冀其他供水量比重低至 26.19%。在京津冀供水总量中，河北省占据了大部分份额，其原因与河北省第一产业比重较高、第二产业重工业化倾向突出有关。同时，水资源利用效率相对偏低等因素也在一定程度上影响了河北省水资源使用占比的居高不下。

从京津冀用水变化来看，“十二五”期间，京津冀用水总量控制在 251 亿～255 亿立方米的区间内，保持相对平稳的变化态势。京津冀的生活和生态用水量占比均超过全国平均水平，农业用水比例几乎与全国持平，而工业用水比重则较全国平均水平低了将近 9 个百分点。其主要原因与京津冀产业结构有关。虽然在河北省工业结构中，黑色金属冶炼及压延加工，电力、热力的生产与供应等重工业仍占据主导地位。但是，在占到全区域工业产值 50%的北京市和天津市，水资源耗用水平较低的通信设备、计算机制造、交通运输设备制造等行业居于主导地位。而在全国工业产值中，居于前列的煤炭开采和洗选、石油和天然气开采、黑色金属矿采选和有色金属矿采选等行业都属于用水大户。因此，工业内部的结构差异性可能导致了水资源使用结构的差异性。京津冀水资源使用分布情况基本保持稳定，农业用水始终是京津冀用水量的最主要方面，其占比始终高于全部用水量的 60%。工业用水量占比有所下降，稳定在 14%左右。生活和生态用水占比逐年提升，生活用水占比稳定在 18%左右，生态用水稳定在 5%左右。“十二五”期间京津冀用水变化趋势见图 5.5。

从图 5.5 可看出，“十二五”期间，北京市用水总量控制在 35 亿～38 亿立方米的区间内，约占京津冀用水总量的 14.5%。从北京市各行业用水量变化来看，北

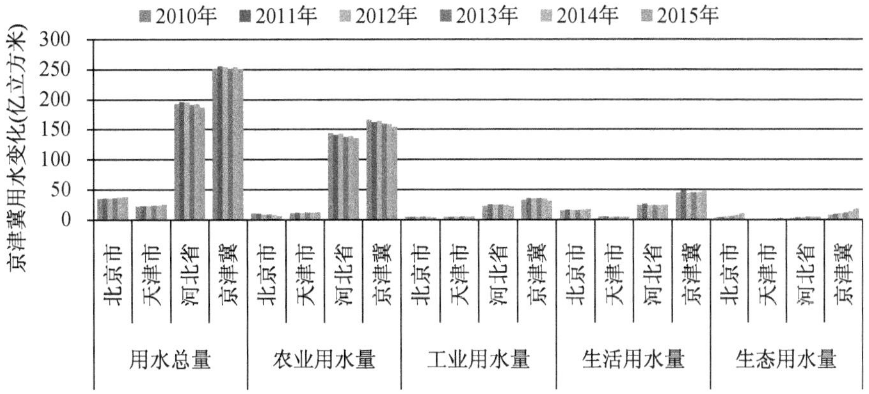

注:指标数据来源于《中国统计年鉴 2011—2016》。

图 5.5 "十二五"期间京津冀用水变化趋势

京市农业用水量处于较快下降态势,从 2010 年的 10.83 亿立方米降至 2015 年的 6.4 亿立方米,降幅达到 40.90%。北京市工业用水量下降速度低于农业,从 2010 年的 5.06 亿立方米降至 2015 年的 3.8 亿立方米,下降了 24.90%。北京市生活用水仍处于缓慢增长阶段,从 2010 年的 15.3 亿立方米增至 2015 年的 17.5 亿立方米,增长了 14.38%。北京市生态用水实现了快速增长,从 2010 年的 3.97 亿立方米增至 2015 年的 10.4 亿立方米,增长了 1.6 倍。

"十二五"期间,从用水结构变化来看,北京市用水结构与京津冀整体之间存在明显差异,京津冀用水占比最高的农业用水在北京市仅排名第二位,北京市农业用水占比 23.48%,比京津冀整体水平低约 40 个百分点。北京市生活用水以 45.14%的比例居首位,相比京津冀整体水平高出 25 个百分点以上。虽然生态用水在北京市用水总量中所占比重排在第三位,但却比京津冀整体高出近 14 个百分点。同时,北京市工业用水占比与京津冀整体水平大体相当。

"十二五"期间,天津市用水总量控制在 22 亿~26 亿立方米的区间内,约占京津冀用水总量的 9.5%。从天津市各行业用水量变化来看,天津市农业用水量处于缓慢增长态势,从 2010 年的 10.97 亿立方米增至 2015 年的 12.5 亿立方米,增幅为 13.95%。天津市工业用水量增长速度低于农业,从 2010 年的 4.83 亿立方米增至 2015 年的 5.3 亿立方米,增长了 9.73%。天津市生活用水处于缓慢下降阶段,从 2010 年的 5.48 亿立方米降至 2015 年的 4.9 亿立方米,下降了10.58%。天津市生态用水实现了快速增长,从 2010 年的 1.22 亿立方米增至 2015 年的 2.9 亿立方米,增长了 1.4 倍。

“十二五”期间，从天津市用水结构变化来看，除农业用水外，工业、生活和生态用水量占比均高于京津冀地区整体水平。天津市农业用水占比高达50%左右，工业用水占比为21.81%，生活用水占比与工业相当，为21.16%，生态用水占比为6.98%。与北京市相比较，天津市农业和工业用水量明显偏高，生活和生态用水量明显偏低。

“十二五”期间，河北省用水总量控制在191亿～196亿立方米的区间内，约占京津冀用水总量的76%。从河北省各行业用水量变化来看，河北省农业用水量处于缓慢下降态势，从2010年的143.77亿立方米降至2015年的135.3亿立方米，降幅为5.89%。河北省工业用水量下降速度低于农业，从2010年的23.06亿立方米降至2015年的22.5亿立方米，降低了2.43%。河北省生活用水量略有增长，从2010年的23.98亿立方米增至2015年的24.4亿立方米，增长了1.75%。河北省生态用水实现了快速增长，从2010年的2.87亿立方米增至2015年的5亿立方米，增长了74.2%。

“十二五”期间，从河北省用水结构变化来看，农业用水占据了河北省用水总量的近3/4的份额，是最主要的用水方。同时，工业用水占比为12.80%，略低于京津冀整体水平。生活用水占比和工业相当，为12.64%。生态用水占比较低，仅为2.29%。总体来看，北京市生活用水占比突出，达到45%以上，此种独特的用水结构在我国所有省市级行政区划中具有唯一性。河北省用水分布较北京市和天津市存在明显差异，农业用水占比极高，是京津冀水资源首要消耗大户。

3）人均水资源变化

京津冀地区一方面人口众多，经济发展水平相对较高，但另一方面水资源总量和可利用率量相对不足，进而造成人均水资源占有量极为有限，是中国人均水资源占有量最低的地区。“十二五”期间，京津冀人均水资源量年均仅224.30立方米，但京津冀人均用水量年均达到了273.87立方米，超过京津冀人均水资源量。人均水资源占有量低已成为制约京津冀地区经济和社会发展的主要瓶颈之一。“十二五”期间京津冀人均水资源变化见图5.6。

从图5.6中可看出，“十二五”期间，京津冀人均水资源量处于波动式变化趋势，先上升、后下降、再上升。其中，北京市人均水资源量从2010年的124.2立方米先上升至2012年的193.24立方米、后下降至2014年的95.15立方米、再上升至2015年的124.01立方米。天津市人均水资源量从2010年的72.8立方米先上升至2012年的237.99立方米、后下降至2014年的76.08立方米、再上升至2015年的83.56立方米。河北省人均水资源量从2010年的189.4立方米先上升至

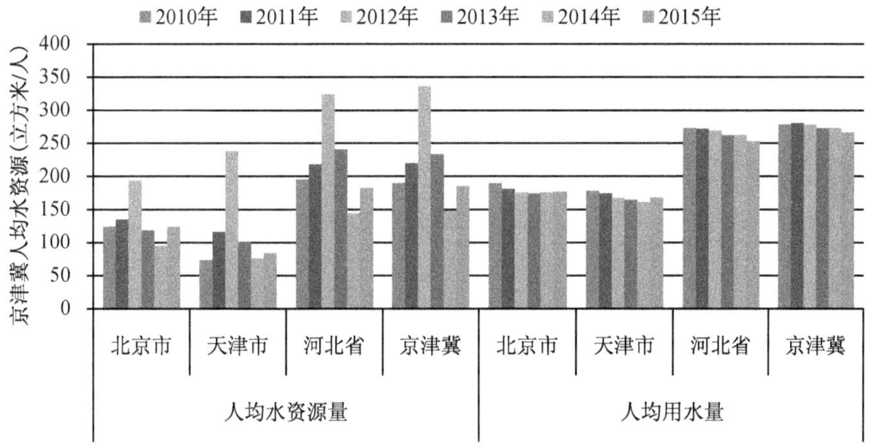

注:指标数据来源于《中国统计年鉴 2011—2016》。

图 5.6 “十二五”期间京津冀人均水资源变化趋势

2012 年的 336 立方米、后下降至 2014 年 147.8 立方米、再上升至 2015 年的 185.2 立方米。

“十二五”期间,京津冀人均用水量处于缓慢下降态势,从 2010 年的 278.09 立方米降至 2015 年的 266.22 立方米。其中,北京市人均用水量从 2010 年的 189.39 立方米降至 2015 年的 176.77 立方米。天津市人均用水量从 2010 年的 177.93 立方米降至 2015 年的 167.77 立方米。河北省人均用水量从 2010 年的 272.25 立方米降至 2015 年的 252.82 立方米。总体来看,“十二五”期间,北京市和天津市人均水资源量远低于京津冀整体水平,年均分别为 133.14 立方米、123.02 立方米,但北京市和天津市人均用水量均超过了其人均水资源量,年均分别达到 176.52 立方米、166.95 立方米。河北省人均水资源量较高于北京市和天津市,年均达到 221.86 立方米,接近京津冀整体水平。与北京市和天津市对比,河北省人均用水量相对较高,达到 263.39 立方米。

(2) 能源消耗变化

从京津冀能源消费量变化来看,“十二五”期间,京津冀能源消耗量仍处于快速增长趋势,2010 年,京津冀能源消费量为 4.13 亿吨标煤,2015 年京津冀能源消费量增至 4.45 亿吨标煤。2010—2015 年,京津冀能源消费量的增长幅度接近 7.75%。“十二五”期间京津冀能源消费量变化趋势见图 5.7。

从图 5.7 中可看出,“十二五”期间,北京市能源消费量最小,不超过 7 000 万吨标煤,且能源消费量为负增长,从 2010 年的 6 954.05 万吨标煤降至 6 853 万吨

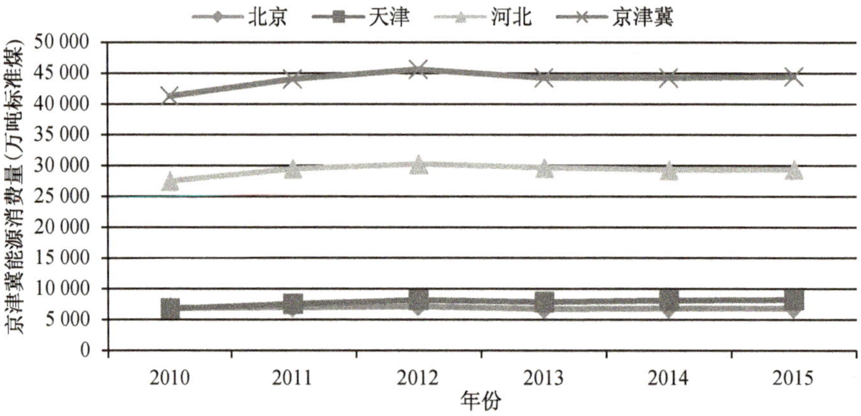

注:指标数据来源于《中国统计年鉴 2011—2016》,经计算整理得到。

图 5.7 “十二五”期间京津冀能源消费量变化趋势

标煤,实现了经济增长与能源消耗的脱钩,北京市能源消费量的降幅为 1.45%。天津市能源消费量已超过 8 000 万吨标煤,且仍保持较快的增长速度,增长幅度高达 21.15%。2010 年,天津市能源消费量为 6 818.08 万吨标煤,低于北京市能源消费量,为其 0.98 倍。“十二五”期间,天津市能源消费量快速超过北京市。至 2015 年,天津市能源消费量为 8 260 万吨标煤,高于北京市能源消费量,为其 1.21 倍。“十二五”期间,河北省能源消费量远高于北京市和天津市,且处于增长阶段。2010 年,河北省能源消费量达到 2.75 亿吨标煤,为北京市和天津市之和的 2.00 倍。2015 年,河北省能源消费量增至 2.94 亿吨标煤,与北京市和天津市之和的差距有所缩小,但仍高达北京市和天津市之和的 1.95 倍。“十二五”期间,河北省能源消费量的增长幅度为 6.77%。

此外,从京津冀万元 GDP 能耗变化来看,“十二五”期间,京津冀万元 GDP 能耗持续下降,下降幅度为 32%,2015 年京津冀万元 GDP 能耗为 0.64 吨标准煤/万元(当年价)。“十二五”期间京津冀万元 GDP 能耗变化趋势见图 5.8。

从图 5.8 来看,北京市万元 GDP 能耗最低,且下降幅度最大,达到 39.57%。2010 年,北京市万元 GDP 能耗约为 0.50 吨标准煤/万元(当年价)。2015 年,北京市万元 GDP 能耗降至 0.30 吨标准煤/万元(当年价),仅为京津冀万元 GDP 能耗的一半。天津市万元 GDP 能耗从 2010 年的 0.74 吨标准煤/万元(当年价)降至 2015 年的 0.50 吨标准煤/万元(当年价),“十二五”期间的下降幅度为 32.43%。河北省万元 GDP 能耗尽管有所下降,但仍处于较高水平,2015 年,河北省万元 GDP 能耗接近 1 吨标准煤/万元(当年价),“十二五”期间的下降幅度为 26.95%。

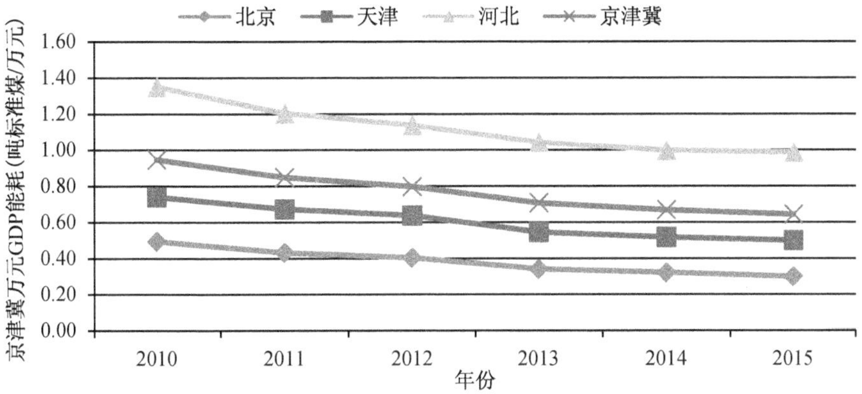

注：指标数据来源于《中国统计年鉴 2011—2016》，按当年价计算整理得到。

图 5.8 “十二五”期间京津冀万元 GDP 能耗变化趋势

（3）环境保护变化

从京津冀环境保护变化来看，“十二五”期间，京津冀生活垃圾清运总量从 2010 年的 1 406 万吨增至 2015 年的 1 666.9 万吨，增长了 18.56%。京津冀化学需氧量排放总量仍处于快速增长阶段，从 2010 年的 77 万吨增至 2015 年的 157.87 万吨，增长了 1 倍多。京津冀废水排放总量处于缓慢增长阶段，从 2010 年的 40.72 亿吨增长到 2015 年的 55.53 亿吨，增长了 36.38%。京津冀二氧化硫排放总量已处于下降态势，从 2010 年的 158.4 万吨降至 2015 年的 136.54 万吨，下降幅度为 13.8%。京津冀氨氮排放总量仍处于较快增长态势，从 2010 年的 8.6 万吨增至 2015 年的13.76万吨，增长近 60%。“十二五”期间京津冀环境保护变化趋势见图 5.9。

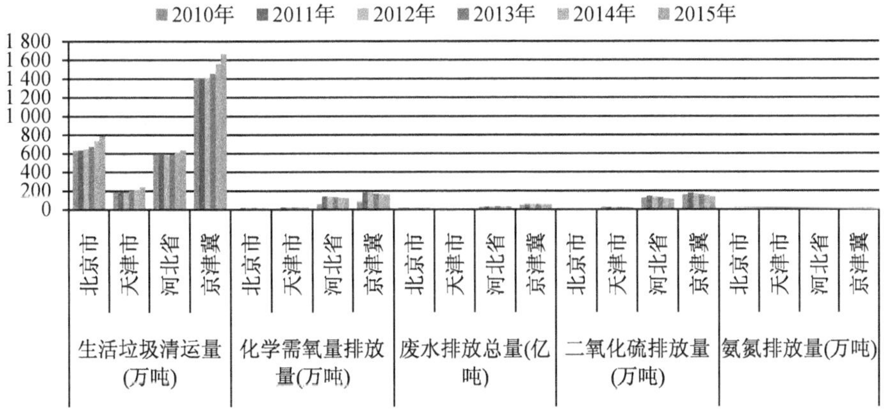

注：指标数据来源于《中国统计年鉴 2011—2016》。

图 5.9 “十二五”期间京津冀环境保护变化趋势

从图 5.9 可看出，“十二五”期间，北京市生活垃圾清运总量占比京津冀的 46.33%，从 2010 年的 633 万吨增至 2015 年的 790.3 万吨，增长了 24.85%。北京市化学需氧量排放总量占京津冀的 10.42%，仍处于快速增长阶段，从 2010 年的 9.2 万吨增至 2015 年的 16.15 万吨，增长了 75.54%。北京市废水排放总量占京津冀的 27.50%，仍处于缓慢增长阶段，从 2010 年的 13.64 亿吨增长 2015 年的 15.17 亿吨，增长了 11.22%。北京市二氧化硫排放总量占京津冀的 5.48%，已处于下降态势，从 2010 年的 11.51 万吨降至 2015 年的 7.12 万吨，下降幅度为 38.14%。北京市氨氮排放总量占京津冀的 12.87%，仍处于缓慢增长态势，从 2010 年的 1.21 万吨增至 2015 年的 1.65 万吨，增长近 36.36%。

“十二五”期间，天津市生活垃圾清运总量占京津冀的 13.75%，从 2010 年的 183.7 万吨增至 2015 年的 240.7 万吨，增长了 31.03%。天津市化学需氧量排放总量占京津冀的 13.02%，仍处于快速增长阶段，从 2010 年的 13.2 万吨增至 2015 年的 20.91 万吨，增长了近 60%。天津市废水排放总量占京津冀的 15.63%，仍处于缓慢增长阶段，从 2010 年的 6.82 亿吨增长至 2015 年的 9.30 亿吨，增长了 36.36%。天津市二氧化硫排放总量占京津冀的 13.63%，已处于下降态势，从 2010 年的 23.52 万吨降至 2015 年的 18.59 万吨，下降幅度为 20.96%。天津市氨氮排放总量占京津冀的 16.55%，仍处于缓慢增长态势，从 2010 年的 1.98 万吨增至 2015 年的 2.38 万吨，增长了 20.20%。

“十二五”期间，河北省生活垃圾清运总量占京津冀的 39.92%，略低于北京市，高于天津市，从 2010 年的 589.3 万吨增至 2015 年的 635.9 万吨，增长了 7.91%。河北省化学需氧量排放总量占京津冀的 76.55%，远高于北京市和天津市，仍处于快速增长阶段，从 2010 年的 54.6 万吨增至 2015 年的 120.81 万吨，增长了 1.2 倍。河北省废水排放总量占京津冀的 56.87%，远高于北京市和天津市，仍处于较快增长阶段，从 2010 年的 26.25 亿吨增长 2015 年的 31.06 亿吨，增长了 18.32%。河北省二氧化硫排放总量占京津冀的 80.9%，远高于北京市和天津市，但已处于下降态势，从 2010 年的 158.4 万吨降至 2015 年的 136.54 万吨，下降幅度为 13.80%。河北省氨氮排放总量占京津冀的 70.58%，远高于北京市和天津市，仍处于快速增长态势，从 2010 年的 5.46 万吨增至 2015 年的 9.73 万吨，增长近 80%。

此外，“十二五”期间，京津冀森林面积达到 509.3 万公顷，人工林面积为 268.61万公顷，林业用地面积达到 835.02 万公顷，森林覆盖率为 23.64%，森林蓄积量为 1.26 亿立方米。其中，北京市森林面积达到 58.81 万公顷，人工林面积为

37.15 万公顷，林业用地面积达到 101.35 万公顷，森林覆盖率为 35.8%，远高于京津冀整体水平，森林蓄积量为 0.14 亿立方米。天津市森林面积达到 11.16 万公顷，人工林面积为 10.56 万公顷，林业用地面积达到 15.62 万公顷，森林覆盖率为 9.9%，森林蓄积量为 0.04 亿立方米。河北省森林面积达到 439.33 万公顷，人工林面积为 220.9 万公顷，林业用地面积达到 718.08 万公顷，森林覆盖率为 23.4%，与京津冀整体水平相当，森林蓄积量为 1.08 亿立方米。

5.2　生态环境建设指标体系设计

(1) 指标筛选模型

采用在基于代表性筛选指标原则的基础上，补充主成分因子所遗漏的局部信息的方法进行指标筛选。

基于代表性筛选指标原则是指采用因子分析法对生态环境建设维度的指标进行筛选，对生态环境建设维度的初始指标进行主成分分析，筛选出对主成分因子贡献度较大的生态环境建设维度指标。其基本思想为：

假设对生态环境建设维度的 n 个初始指标提取主成分因子，其中初始指标总体 $X_k=(X_{k1},X_{k2},\cdots,X_{kn})^{\mathrm{T}}(k=4)$，提取出主成分因子总体 $Y_k=(Y_{k1},Y_{k2},\cdots,Y_{km})^{\mathrm{T}}(k=4)(m\leqslant n)$，且 $Y_k=(Y_{k1},Y_{k2},\cdots,Y_{km})^{\mathrm{T}}(k=4)$ 的列秩 $=m$，其中 $Y_{ki}=\alpha_i^{\mathrm{T}}X_k(k=4)(i=1,2,\cdots,m)$，$\alpha_i$ 是 $n\times 1$ 维向量，$Y_{km}(k=4)$ 是与 $Y_{k1}(k=4)$、$Y_{k2}(k=4)$、…、$Y_{k(m-1)}(k=4)$ 不相关的 $(X_{k1},X_{k2},\cdots,X_{kn})^{\mathrm{T}}(k=4)$ 一切线性组合中方差最大的。其中，方差的大小代表主成分因子可解释初始指标信息量的大小，因此 $Y_{k1}(k=4)$、$Y_{k2}(k=4)$、…、$Y_{km}(k=4)$ 被称作 $X_k(k=4)$ 的第一主成分因子、第二主成分因子、……、第 m 主成分因子，且其所能解释的初始指标的信息量依次递减。在此基础上，筛选得出生态环境建设维度的代表性指标。

由于主成分因子反映的是主要投影方向的指标信息，存在遗漏局部信息的问题，所以在基于代表性所筛选的指标的基础上，再补充偏离主要投影方向的、重要的指标。

(2) 评价指标体系设计

生态环境建设水平可以从环境约束力、环境保护以及环境污染水平三个维度进行衡量。综合现有文献，结合指标的重要性及数据的可获取性，初步选定能源消费量(A_1)、单位地区生产总值能耗(A_2)、用水总量(A_3)、森林覆盖率(A_4)、人工林面积(A_5)、林业用地面积(A_6)作为环境约束力指标；初步选定地方财政环境保护支出(A_7)、工业污染治理完成投资(A_8)作为环境保护指标；初步选定生活垃圾清运量(A_9)、化学需氧量排放量(A_{10})、废水排放总量(A_{11})、二氧化硫排放量(A_{12})、氨氮排放量(A_{13})作为环境污染指标。

根据各指标意义,结合主成分分析法,弥补主成分因子忽略的局部信息,对生态环境建设初始指标进行筛选。首先对 2009—2015 年我国北京、天津、河北及京津冀地区 13 个生态环境建设指标进行 KMO 和 Bartlett 的检验(见表 5.1)。

表 5.1 生态环境建设初始指标 KMO 和 Bartlett 的检验

检验项		生态环境建设指标
取样足够度的 Kaiser-Meyer-Olkin 度量		0.758
Bartlett 的球形度检验	近似卡方	1 244.379
	df	78
	Sig.	0.000

注:指标数据来源于中国统计局网站和《中国能源统计年鉴 2010—2016》。

检验结果显示,生态环境建设初始指标 KMO 值大于 0.7,表明初始指标适合做因子分析;Bartlett 球形检验的 Sig. 取值为 0,表明各生态环境建设指标之间存在线性相关性,能够提取主成分因子。

运行 SPSS 软件,分别对生态环境建设初始指标提取主成分因子 B_1、B_2、B_3 及综合建设水平因子 B,见式(5.1):

$$\begin{cases} B_1 = 0.064ZA_1 - 0.331ZA_2 - 0.017ZA_3 - 0.146ZA_4 - 0.042ZA_5 - \\ \quad 0.054ZA_6 + 0.339ZA_8 + 0.137ZA_9 + 0.129ZA_{10} + 0.122ZA_{11} - \\ \quad 0.046ZA_{12} + 0.129ZA_{13} \\ B_2 = 0.085ZA_1 + 0.434ZA_2 + 0.158ZA_3 + 0.053ZA_4 + 0.179ZA_5 + \\ \quad 0.190ZA_6 - 0.247ZA_7 - 0.210ZA_8 - 0.058ZA_9 + 0.023ZA_{10} + \\ \quad 0.008ZA_{11} + 0.195ZA_{12} + 0.024ZA_{13} \\ B_3 = -0.017ZA_1 - 0.057ZA_2 + 0.054ZA_3 + 0.759ZA_4 + 0.084ZA_5 + \\ \quad 0.084ZA_6 + 0.030ZA_7 - 0.329ZA_8 + 0.263ZA_{10} + 0.077ZA_{11} - \\ \quad 0.013ZA_{12} - 0.093ZA_{13} \\ B = 43\%B_1 + 41\%B_2 + 11\%B_3 \end{cases} \tag{5.1}$$

式(5.1)中,主成分因子线性表达式中各指标系数即为因子得分,因子得分的绝对值代表各指标对主成分因子的贡献度。结合各指标的代表性意义,各指标对主成分因子的贡献度，以及指标间相关系数(见表 5.2)，对初始生态环境建设指标进行筛选。

表 5.2　生态环境建设初始指标相关系数矩阵

指标	A_1	A_2	A_3	A_4	A_5	A_6	A_7	A_8	A_9	A_{10}	A_{11}	A_{12}	A_{13}
A_1	1.00	0.55	0.99	0.02	0.97	0.96	0.69	0.73	0.82	0.93	0.97	0.97	0.95
A_2	0.55	1.00	0.65	−0.23	0.67	0.69	−0.03	0.22	0.11	0.47	0.37	0.71	0.46
A_3	0.99	0.65	1.00	0.08	1.00	0.99	0.64	0.68	0.79	0.90	0.95	0.99	0.92
A_4	0.02	−0.23	0.08	1.00	0.12	0.12	0.27	−0.13	0.39	0.01	0.18	−0.03	0.00
A_5	0.97	0.67	1.00	0.12	1.00	1.00	0.63	0.67	0.77	0.89	0.93	0.98	0.91
A_6	0.96	0.69	0.99	0.12	1.00	1.00	0.61	0.66	0.75	0.89	0.92	0.98	0.90
A_7	0.69	−0.03	0.64	0.27	0.63	0.61	1.00	0.76	0.80	0.67	0.79	0.54	0.68
A_8	0.73	0.22	0.68	−0.13	0.67	0.66	0.76	1.00	0.58	0.77	0.74	0.64	0.77
A_9	0.82	0.11	0.79	0.39	0.77	0.75	0.80	0.58	1.00	0.69	0.92	0.71	0.73
A_{10}	0.93	0.47	0.90	0.01	0.89	0.89	0.67	0.77	0.69	1.00	0.89	0.90	0.99
A_{11}	0.97	0.37	0.95	0.18	0.93	0.92	0.79	0.74	0.92	0.89	1.00	0.90	0.92
A_{12}	0.97	0.71	0.99	−0.03	0.98	0.98	0.54	0.64	0.71	0.90	0.90	1.00	0.92
A_{13}	0.95	0.46	0.92	0.00	0.91	0.90	0.68	0.77	0.73	0.99	0.92	0.92	1.00

对于环境约束力指标，首先是能源约束力指标 A_1、A_2，A_2对主成分因子的综合贡献度较大，且该指标消除区域间经济发展水平的影响，反映出区域在能源利用上的效率，因此，保留指标 A_2，单位地区生产总值能耗；其次是水资源约束力指标，仅指标 A_3，用水总量，保留；最后是森林约束力指标 A_4、A_5、A_6，指标 A_4 相对指标 A_5、A_6对主成分因子的综合贡献度大，与已保留指标的相关性较小，且森林覆盖率指标消除了区域面积因素，更能有效对比区域间森林约束水平，因此保留指标 A_4，森林覆盖率。

对于环境保护指标 A_7、A_8，两指标对主成分因子的综合贡献度相近，与其他指标相关程度也相近，但指标 A_7所代表的环境保护支出较指标 A_8全面，因此保留指标 A_7，地方财政环境保护支出。

对于环境污染指标 A_9、A_{10}、A_{11}、A_{12}、A_{13}，对主成分因子的综合贡献度排序为：A_9、A_{10}、A_{12}、A_{13}、A_{11}，与其他指标相关性排序为：A_9、A_{10}、A_{13}、A_{12}、A_{11}，其中 A_9 反映了废弃物污染情况，A_{10}、A_{11} 反映了废水污染情况，A_{12}、A_{13} 反映了废气排放情况，综合分析保留指标 A_9、A_{10}、A_{12}，即将生活垃圾清运量、化学需氧量、二氧化硫

排放量作为环境污染指标。

通过筛选，最终确定单位地区生产总值能耗、用水总量、森林覆盖率作为环境约束力指标；确定地方财政环境保护支出作为环境保护指标；确定生活垃圾清运量、化学需氧量、二氧化硫排放量作为环境污染指标。京津冀生态环境建设评价指标体系见表 5.3。

表 5.3　京津冀生态环境建设评价指标体系

一级指标	二级指标	正负贡献	指标代码	单位
环境约束力指标	单位地区生产总值能耗	—	s_1	吨/元
	用水总量	—	s_2	吨
	森林覆盖率	+	s_5	%
环境保护指标	地方财政环境保护支出	+	s_6	亿元
环境污染指标	生活垃圾清运量	—	e_5	万吨
	化学需氧量	—	e_6	吨
	二氧化硫排放量	—	e_7	吨

5.3　生态环境建设综合指数评价

对“十二五”期间北京、天津、河北及京津冀地区生态环境建设的 7 个指标进行 KMO 和 Bartlett 的检验（见表 5.4），考虑到生态环境建设水平相对科技创新的滞后性，因此，与经济发展维度、社会治理维度一致，选用 1 年滞后期，所有生态环境建设指标采用 2010—2015 年数据。

表 5.4　生态建设维度 KMO 和 Bartlett 的检验

检验项		取值
取样足够度的 Kaiser-Meyer-Olkin 度量		0.527
Bartlett 的球形度检验	近似卡方	269.326
	df	21
	Sig.	0.000

检验结果显示，KMO 值为 0.527，表明各生态环境建设指标可以做因子分析；Bartlett 球形检验的 Sig. 取值为 0，表明各生态环境建设指标之间存在线性相关性，能够提取主成分因子。生态环境建设维度主成分分析的特征值及方差贡献率见表 5.5，其中为更为真实地反映主成分因子情况，选择旋转后的平方和载入对其

进行分析。

表 5.5　生态环境建设主成分分析的特征值及方差贡献率

成分	初始特征值			旋转平方和载入		
	合计	方差(%)	累积(%)	合计	方差(%)	累积(%)
1	3.680	52.576	52.576	3.168	45.254	45.254
2	2.494	35.627	88.203	3.006	42.949	88.203
3	0.586	8.365	96.568			
4	0.192	2.742	99.310			
5	0.034	0.488	99.797			
6	0.011	0.156	99.953			
7	0.003	0.047	100.000			

由表 5.5 可以看出，成分 1 的方差为 3.680，成分 2 的方差为 2.494，远高于其他成分方差，表明成分 1 占据的生态环境建设维度信息最多，其次是成分 2。且其旋转后方差贡献率分别为 45.254%和 42.949%，累计方差贡献率达 88.203%，因此适合提取两个主成分因子，根据成分得分矩阵及旋转后方差贡献率可得主成分因子 E_1、E_2 和 t 时刻生态环境建设水平初始综合指数 $K_4(t)$，表达式如下：

$$\begin{cases} E_1 = 0.310ZE_1 + 0.120ZE_2 + 0.238ZE_3 - 0.017ZE_4 - 0.062ZE_5 + \\ \qquad 0.235ZE_6 + 0.18ZE_7 \\ E_2 = -0.068ZE_1 + 0.252ZE_2 - 0.296ZE_3 - 0.249ZE_4 + 0.339ZE_5 + \\ \qquad 0.106ZE_6 - 0.033ZE_7 \\ K_4(t) = 45.254\% \times E_1 + 42.949\% \times E_2 \end{cases} \tag{5.2}$$

对式(5.2)计算出的生态环境初始综合指数 $K_4(t)$进行取正归一化调整，最终得到“十二五”期间京津冀生态环境建设维度综合指数(见表 5.6)。

表 5.6　“十二五”期间京津冀生态环境建设维度综合指数

年份	地区			
	北京	天津	河北	京津冀地区
2010	0.944 0	1.000 0	0.309 1	0.235 2
2011	0.806 0	0.898 0	0.286 2	0.209 6

续表

年份	地区			
	北京	天津	河北	京津冀地区
2012	0.823 6	0.911 8	0.282 9	0.196 8
2013	0.867 4	0.915 6	0.272 0	0.177 5
2014	0.869 8	0.909 7	0.265 1	0.139 1
2015	0.875 2	0.889 5	0.229 3	0.062 7

由表 5.6 可以看出，“十二五”期间北京、天津、河北及京津冀地区生态环境建设水平按照天津、北京、河北、京津冀地区排序依次递减；北京、天津生态环境建设水平六年间虽有小幅波动，但基本保持稳定状态，河北及京津冀地区生态环境建设水平呈现递减趋势，且与北京、天津差距较大。

第三篇

京津冀协同发展评价方法

6 京津冀协同发展评价指标体系与模型

6.1 京津冀协同发展评价指标体系设计

十八届五中全会提出了“创新、协调、绿色、开放、共享”五大发展理念，为破解“十三五”时期经济社会发展难题，实现“十三五”时期国家发展目标提供了重要的战略支撑。2017 年十二届全国人大五次会议明确了“提升科技创新能力、以技术改善生态环境建设，提升创新发展及资源环境对经济社会发展的支撑力，是未来我国的重点工作任务”的重要论断。党的十九大报告提出了“贯彻新发展理念，建设现代化经济体系”，并强调必须着力加快建设科技创新、实体经济、现代金融、人力资源协同发展的产业体系。因此，区域科技创新、经济社会发展、生态环境建设是我国区域协同发展的工作重心，对我国实施创新驱动发展战略和建设现代化强国战略具有重要意义。

目前，区域协同发展评价主要是通过建立一套评价指标体系，评价区域科技创新与经济社会发展、生态环境建设之间的协调性，测量区域协同发展效度。如评价区域科技创新与经济发展的协调性，评价区域科技创新与生态环境建设的协调性，评价区域科技创新、经济发展与生态环境建设的协调性。参考现有文献，对区域协同发展评价时，针对区域的科技创新指标，科技财力投入和科技人力投入由于易量化，作为科技创新投入指标被广为采纳，如科技活动经费、R&D 投入强度、R&D 经费内部支出、科技活动人员、R&D 人员全时当量等；科技创新产出指标分为直接产出指标和间接产出指标，直接产出指标以论文、专利为主，间接产出指标体现为科研成果市场化情况，如技术市场成交合同金额、新产品产出、高技术产出产值等。针对区域的经济社会发展指标，重点体现了经济发展水平、产业结构、国民收入水平、教育水平、就业情况、城镇化水平，如 GDP、三次产业产值占比、恩格尔系数、教育支出水平、失业率、城镇人口占比等。针对区域的生态环境建设指标，重点体现了污染物排放情况、污染治理情况以及资源能源存量，如废水废物排放、污染治理投资、废弃物处理利用情况、森林覆盖率、水资源利用量、耕地面积等。现有文献中区域协同发展评价指标的使用频率见表 6.1。

表 6.1　区域协同发展评价指标的统计

科技创新指标	使用频率	经济社会发展指标	使用频率	生态环境建设指标	使用频率
论文	43%	三产产值或增加值	68%	废水排放	41%
R&D 经费	40%	人均国内生产总值	59%	绿地面积	39%
科技活动人员	34%	财政收入	44%	固体废(弃)物排放	39%
专利申请授权量	33%	固定资产投资	41%	固体废(弃)物处理利用	37%
技术市场成交合同金额	30%	国内生产总值	37%	废气排放	36%
R&D 人员	25%	人均收入及存款	32%	森林覆盖	34%
高技术产业情况	24%	人口密度	29%	废水排放达标	33%
新产品	21%	GDP 增长率	23%	SO_2排放	33%
科技经费	20%	恩格尔系数	21%	绿化情况	33%
科学家和工程师	19%	社会消费品零售总额	19%	能源消耗	23%
专利申请受理量	14%	工业总产值	18%	污水处理	23%
财政科技拨款	10%	教育支出及入学率	13%	水资源量	22%
		进出口总额	12%	垃圾清运处理	21%
		就业情况	11%	烟(粉)尘排放	19%
		社会劳动生产率	10%	人均耕地面积	18%
		城镇化率	10%	污染治理或环保投资	15%
		失业率	7%	噪声	14%
		消费水平	7%	三废综合利用	13%

参考现有文献，区域协同发展评价仍存在不足之处：在评价指标体系设计方面，学者们以定性分析为主，依据指标的重要性及指标数据的易获取性进行指标筛选，主观性较强。同时，区域的科技创新指标主要从规模数量角度予以衡量，忽略了效率质量，导致评价结果不全面。为此，采用定性分析法与统计分析法，通过定量模型筛选，构建京津冀科技创新、经济发展、社会治理、生态环境建设等四大评价体系，对京津冀科技创新、经济发展、社会治理、生态环境建设的评价指标进行集成，构建京津冀协同发展评价指标体系（见表 6.2）。

表 6.2　京津冀协同发展评价指标体系

评价维度	一级指标	二级指标	贡献方向	代码	单位
科技创新维度	科技直接产出指标	专利申请授权数	+	q_1	万件
	科技间接产出指标	技术市场技术输出地域合同金额	+	q_2	亿元
		高技术产业新产品销售收入	+	q_3	亿元
	科技人力投入指标	R&D 人员全时当量	+	q_4	万人·年
		高技术产业 R&D 研究人员	+	q_5	万人
	科技财力投入指标	R&D 经费投入强度	+	q_6	%
		高技术产业 R&D 经费内部支出	+	q_7	亿元
	科技质量指标	科技创新效率	+	q_8	无
经济发展维度	经济水平指标	地区生产总值	+	n_1	万亿元
		地方财政一般预算收入	+	n_2	万亿元
	经济结构指标	第三产业增加值	+	s_2	万亿元
	消费水平指标	居民消费水平	+	s_3	万元
社会治理维度	人口指标	年末常住人口	+	s_1	人
		城镇人口	+	s_2	人
	人民生活水平指标	城镇登记失业率	—	s_3	%
		城乡居民人民币储蓄存款年底余额	+	s_4	万元
	教育水平指标	教育经费	+	s_5	万元
		6 岁及 6 岁以上受教育人口数	+	s_6	人
	公共服务指标	医疗卫生机构数	+	s_7	个
		客运量	+	s_8	万人
	居民保险水平指标	城镇职工参加养老保险人数	+	s_9	人
		基本养老保险累计结余	+	s_{10}	万元
生态环境建设维度	环境约束力指标	单位地区生产总值能耗	—	s_1	吨/元
		用水总量	—	s_2	吨
	环境保护指标	森林覆盖率	+	s_5	%
		地方财政环境保护支出	+	s_6	亿元
	环境污染指标	生活垃圾清运量	—	e_5	万吨
		化学需氧量	—	e_6	吨
		二氧化硫排放量	—	e_7	吨

6.2 京津冀科技创新的经济社会生态效应评价

6.2.1 京津冀科技创新与经济社会生态的关系检验

采用京津冀科技创新、经济发展、社会治理、生态环境建设维度的综合指数，对"十二五"期间京津冀科技创新与经济发展、社会治理及生态环境建设进行关系检验。首先，对"十二五"期间京津冀科技、经济、社会、生态环境数据进行单位根检验，见表 6.3。

表 6.3 "十二五"期间京津冀科技、经济、社会、生态环境数据单位根检验

科技系统			经济系统		
Method	Statistic	Prob. * *	Method	Statistic	Prob. * *
ADF-Choi Z-stat	−0.200 21	0.420 7	ADF-Choi Z-stat	−2.230 32	0.012 9
Series	北京	0.462 9	Series	北京	0.221 3
	天津	0.382		天津	0.193 5
	河北	0.915 1		河北	0.067
	京津冀地区	0.083 8		京津冀地区	0.091 8
社会系统			生态系统		
Method	Statistic	Prob. * *	Method	Statistic	Prob. * *
ADF-Choi Z-stat	0.665 8	0.747 2	ADF-Choi Z-stat	−0.782 46	0.217
Series	北京	0.675 4	Series	北京	0.016 2
	天津	0.568		天津	0.012 7
	河北	0.675 6		河北	0.568 1
	京津冀地区	0.598 7		京津冀地区	0.995 8

由表 6.3 可以看出，"十二五"期间京津冀科技创新维度和社会治理维度数据，无论从整体还是分各区域进行单位根检测，Prob. * * 值均大于 0.08，即序列存在单位根的原假设通过；经济发展维度各区域数据单位根检测 Prob. * * 值均大于 0.06，序列存在单位根的原假设通过；生态环境维度数据整体单位根检测 Prob. * * 值为 0.217，序列存在单位根的原假设通过。因此，分别对"十二五"期间京津冀科技创新维度数据与经济发展维度数据、科技创新维度数据与社会治理维度数据、科技创新维度数据与生态环境建设维度数据进行协整检验，判断科技与经济、社会、生态是否存在稳定关系，检测结果见表 6.4。

表 6.4 “十二五”期间京津冀科技系统与经济、社会、生态系统协整检验

检验项	科技系统与经济系统		科技系统与社会系统		科技系统与生态系统	
ADF	t-Statistic	Prob. * *	t-Statistic	Prob.	t-Statistic	Prob. * *
	−4.043 53	0.000 00	−5.304 91	0.000 00	−1.905 36	0.028 40
Residual variance	0.010 20		0.002 66		0.006 20	
HAC variance	0.007 15		0.002 65		0.005 76	

由表 6.4 可以看出，科技创新维度与经济发展维度、社会治理维度 ADF 检验的 Prob. * * 值均为 0，科技创新维度与生态环境建设维度 ADF 检验的 Prob. * * 值为 0.028 4，小于 0.05，拒绝科技创新维度与经济发展维度、社会治理维度、生态环境建设维度之间存在着不稳定关系的原假设，且科技创新维度与经济发展维度、社会治理维度、生态环境建设维度之间关系的残值方差及 HAC 方差均较小，说明“十二五”期间京津冀科技创新与经济发展、社会治理、生态环境建设之间存在长期稳定的关系。

6.2.2 京津冀科技创新的经济社会生态弹性分析

在确定“十二五”期间京津冀科技创新与经济发展、社会治理以及生态环境建设直接存在长期稳定关系的基础上，以京津冀科技创新维度、经济发展维度、社会治理维度、生态环境建设维度综合指数为基础，测算“十二五”期间京津冀经济发展、社会治理、生态环境建设对科技创新的弹性（见图 6.1），以评价经济发展、社会治理、生态环境建设对科技创新的敏感程度。其中 2010—2011 年天津、河北经济发展对科技创新的弹性因坐标轴取值限制未显示完全。

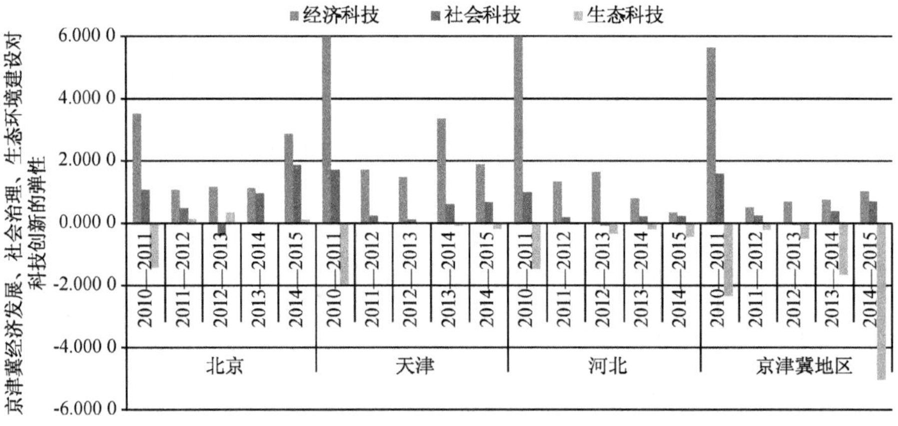

图 6.1 “十二五”期间京津冀经济发展、社会治理、生态环境建设对科技创新的弹性

由图 6.1 可以看出，经济发展对科技创新的弹性均为正，以富有弹性居多，且普遍高于社会治理对科技创新的弹性；社会治理对科技创新的弹性仅个别年份出现负值，其余均为正值，且整体高于生态环境建设对科技创新的弹性；生态环境建设对科技创新的弹性最小，且以负值居多。

（1）京津冀科技创新的经济发展弹性分析

“十二五”期间京津冀经济发展对科技创新的弹性分析结果见表 6.5。

表 6.5 “十二五”期间京津冀经济发展对科技创新的弹性分析结果

年份	北京	天津	河北	京津冀地区
2010—2011	3.512 7	64.202 3	16.700 8	5.634 5
2011—2012	1.063 9	1.702 6	1.322 0	0.500 4
2012—2013	1.162 3	1.477 2	1.641 2	0.686 8
2013—2014	1.121 5	3.352 8	0.797 2	0.743 7
2014—2015	2.867 5	1.880 5	0.350 3	1.017 5
2010—2015	1.975 8	11.604 4	2.195 6	0.971 2

根据表 6.5，针对“十二五”期间经济发展对科技创新的弹性，天津市远高于河北省，河北省高于北京市，北京市高于京津冀地区，对五年间弹性贡献最大的是 2010—2011 年，天津、河北、京津冀地区、北京科技创新维度综合指数提升 1 个百分点，经济发展维度综合指数分别增长 64.202 3、16.700 8、5.634 5、3.512 7 个百分点；其余年份京津冀经济发展对科技创新的弹性则相对较小，取值呈波动状态，其中北京、天津五年间经济发展对科技创新均达到富有弹性，河北 2011—2013 年经济发展对科技创新均达到富有弹性，2013—2015 年则处于缺乏弹性状态，且 2014—2015 年出现最低弹性 0.350 3，京津冀区域仅 2014—2015 年经济发展对科技创新略超过单位弹性，2011—2014 年均处于缺乏弹性状态，但弹性实现逐年递增。综上分析可以发现，“十二五”期间京津冀经济发展对科技创新的弹性以北京、天津均实现富有弹性最优，其次是河北，部分年份达到富有弹性，最后是京津冀地区，说明北京、大津、河北之间科技创新所带来的经济协同发展性较弱。

（2）京津冀科技创新的社会治理弹性分析

“十二五”期间京津冀社会治理对科技创新的弹性测算结果见表 6.6。

表 6.6 “十二五”期间京津冀社会治理对科技创新的弹性分析结果

年份	北京	天津	河北	京津冀地区
2010—2011	1.071 1	1.709 8	0.993 9	1.583 9

续表

年份	北京	天津	河北	京津冀地区
2011—2012	0.481 9	0.242 2	0.189 2	0.231 9
2012—2013	−0.390 7	0.114 6	−0.075 7	−0.052 0
2013—2014	0.955 8	0.600 3	0.215 4	0.386 2
2014—2015	1.865 5	0.674 2	0.220 2	0.700 3
2010—2015	0.516 5	0.309 3	0.170 8	0.275 0

根据表 6.6,“十二五”期间社会治理对科技创新的弹性北京高于天津、天津高于京津冀地区、京津冀地区高于河北,且五年间总体弹性均为缺乏弹性;从各年情况来看,“十二五”期间京津冀社会治理对科技创新的弹性均呈波动状态,其中2012—2013 年的北京、河北及京津冀地区总体社会治理对科技创新出现负弹性,2010—2011 年北京、天津、京津冀地区及 2014—2015 年的北京社会治理对科技创新呈现出富有弹性,其余年份均处于正的缺乏弹性状。综上分析可以发现,“十二五”期间京津冀社会治理对科技创新的弹性表现不稳定,说明社会治理对科技创新的敏感性不稳定,即科技创新对社会治理的推动作用存在不确定性因素。

(3) 京津冀科技创新的生态环境建设弹性分析

“十二五”期间京津冀生态环境建设对科技创新的弹性分析结果见表 6.7。

表 6.7 “十二五”期间京津冀生态环境建设对科技创新的弹性分析结果

年份	北京	天津	河北	京津冀地区
2010—2011	−1.428 1	−1.985 0	−1.484 6	−2.348 6
2011—2012	0.130 2	0.042 1	−0.050 5	−0.207 7
2012—2013	0.344 1	0.014 0	−0.342 4	−0.503 4
2013—2014	0.023 0	−0.085 6	−0.193 4	−1.664 4
2014—2015	0.105 0	−0.183 7	−0.443 0	−5.047 7
2010—2015	−0.095 7	−0.089 1	−0.230 0	−0.713 5

根据表 6.7,“十二五”期间京津冀生态环境建设对科技进步五年间总体弹性均为负值,且从各年来看,仅北京市 2011—2015 年和天津市 2011—2013 年生态环境建设对科技进步的弹性为正,且均为取值较小缺乏弹性,其余年份各地区生态环境建设对科技进步均表现负值。说明生态环境建设与科技进步未能同步,甚至发展方向相反。

6.3 京津冀协同发展评价模型

6.3.1 协调度与协调发展度模型构建

采用容量耦合度模型，测算京津冀科技—经济—社会—生态的协调度及协调发展度。科技—经济—社会—生态的协调度及协调发展度可用公式表示为

$$\begin{cases} C = \left[\dfrac{\prod\limits_{k=1}^{K} R_k(t)}{P^K}\right]^{\frac{1}{K}} \\ D = \sqrt{C \times P} \end{cases}$$

$$P = \frac{1}{K}\sum_{k=1}^{K} R_k(t) \tag{6.1}$$

式中：C 为科技、经济、社会和生态的协调度，取值界于[0,0.6)、[0.6,0.7)、[0.7,0.9)、[0.9,1.0]之间，分别表示处于低度协调状态、磨合协调状态、中度协调状态和高度协调状态；D 为科技、经济、社会和生态的协调发展度，取值界于[0,0.6)、[0.6,0.7)、[0.7,0.8)、[0.8,1.0]之间，分别表示处于低度、一般、良好、高度的协调发展状态。其中 $K \leqslant 4$，当 $K=2$，C、D 分别表示科技—经济、科技—社会、科技—生态的协调度、协调发展度；当 $K=3$，C、D 分别表示科技—经济—社会、科技—经济—生态、科技—社会—生态的协调度、协调发展度；$K=4$，C、D 分别表示科技—经济—社会—生态的协调度、协调发展度。

6.3.2 协同发展评价模型构建

结合京津冀科技创新、经济发展、社会治理和生态环境建设评价指标体系，采用加权综合指数法，对京津冀不同时期不同维度的综合指数进行评价，确定各个维度对京津冀综合指数的平均贡献。将改进的理想解法和灰关联度分析法相结合，构建综合评价模型，对京津冀各区域之间的综合治理指数的优劣进行对比分析。采用协调度评价法，对京津冀各区域综合发展指数的协同发展效度、协同治理能力进行评价。

(1) 京津冀综合指数的维度贡献

结合京津冀科技创新、经济发展、社会治理和生态环境建设评价指标体系，采用加权综合指数法，确定京津冀不同时期的综合指数，用公式表示为

$$CDI_j(t) = \sum_{k=1}^{4} CDI_{jk}(t) \tag{6.2}$$

式中：$CDI_j(t)$为第t时期京津冀第j($j=0,1,2,3$)地区的综合指数($j=0$，$CDI_j(t)$为第t时期京津冀综合指数；$j=1$，$CDI_j(t)$为第t时期北京市综合指数；$j=2$，$CDI_j(t)$为第t时期天津市综合指数；$j=3$，$CDI_j(t)$为第t时期河北省综合指数)；$CDI_{jk}(t)$为第t时期京津冀第j地区第k个维度的综合指数($k=1$，表示科技创新维度的综合指数；$k=2$，表示经济发展维度的综合指数；$k=3$，表示社会治理维度的综合指数；$k=4$，表示生态环境建设维度的综合指数)，其中$j=0$时，$CDI_{jk}(t)$为第t时期京津冀第k个维度的综合指数。

在确定不同时期京津冀各区域的综合指数基础上，可计算出各个维度对京津冀综合指数的平均贡献度，用公式表示为

$$M_{jk} = \left(\sum_{t=1}^{n} \frac{CDI_{jk}(t)}{CDI_j(t)} \right) \Big/ n \tag{6.3}$$

式中：M_{jk}为第k个维度对京津冀第j地区综合指数的平均贡献度($k=1$，表示科技创新维度对其综合指数的平均贡献度；$k=2$，表示经济发展维度对其综合指数的平均贡献度；$k=3$，表示社会治理维度对其综合指数的平均贡献度；$k=4$，表示生态环境建设维度对其综合指数的平均贡献度)，其中，当$j=0$时，M_{jk}为第k个维度对京津冀综合指数的平均贡献度。

(2) 京津冀综合治理绩效度量

1) 基于改进的理想解法度量模型

根据京津冀不同时期不同维度的综合指数及其增长变化趋势，构造时序多指标综合评价矩阵，并结合理想解法，构建改进的理想解法，对京津冀各区域之间的综合指数的优劣进行对比分析。即对比分析过程中，既考虑综合指数的优劣，同时考虑综合指数的增长变化趋势。建立增长矩阵$H_{jk}(t)=\dfrac{CDI_{jk}(t)-CDI_{jk}(t-1)}{CDI_{jk}(t-1)}$($t=1,2,\cdots,n$；$j=0,1,2,3$；$k=1,2,3,4$)表示京津冀第$j$地区第$k$维度的综合指数从($t-1$)期到$t$期的增长变化趋势。其中$t=1$时，取$H_{jk}(t)=0$，表示京津冀第$j$地区第$k$维度的基期综合指数不发生增长变化。

则构造的时序多指标综合评价矩阵

$$Z_k = (z_{jk}(1), z_{jk}(2), \cdots, z_{jk}(n))$$

$$\begin{cases} z_{jk}(t) = \alpha \cdot CDI_{jk}(t) + \beta \cdot H_{jk}(t) \\ \alpha + \beta = 1 \end{cases} \tag{6.4}$$

式中：Z 为时序多指标综合评价矩阵，既体现了京津冀各地区综合指数的优劣差异，又体现了综合指数的增长变化趋势，其中 α 为第 t 时期京津冀第 j 地区第 k 维度综合指数 $CDI_j(t)$ 的相对重要程度；β 为第 t 时期京津冀第 j 地区第 k 维度综合指数增长变化趋势 $H_{jk}(t)$ 的相对重要程度，α 和 β 取值可通过专家咨询予以确定。

公式(6.4)中，当 $\alpha=1,\beta=0$ 时表示只考虑综合指数 $CDI_{jk}(t)$，没有考虑综合指数的增长变化趋势 $H_{jk}(t)$；当 $\alpha=0,\beta=1$ 时表示不考虑综合指数 $CDI_{jk}(t)$，只考虑综合指数的增长变化趋势 $H_{jk}(t)$；通常情况下，取 $\alpha=0.5,\beta=0.5$，即综合指数 $CDI_{jk}(t)$ 和其增长变化趋势 $H_{jk}(t)$ 同等重要。

按照理想解模型，用欧式范数作为距离的程度，第 t 时期京津冀的时序多指标综合评价值 $z_{jk}(t)$ 到理想点 $\max z_{jki}(t)$ 的距离 S_{jk}^{+} 与负理想点 $\min z_{jki}(t)$ 的距离 S_{jk}^{-} 为

$$\begin{cases} S_{jk}^{+}=\sqrt{\sum_{t=1}^{n}\lambda_t\left(z_{jk}(t)-Z_k^{+}(t)\right)^2} \\ S_{jk}^{-}=\sqrt{\sum_{t=1}^{n}\lambda_t\left(z_{jk}(t)-Z_k^{-}(t)\right)^2} \\ Z_k^{+}(t)=\max\{(z_{jk}(t)\mid j=1,2,\cdots,g)\} \\ Z_k^{-}(t)=\min\{(z_{jk}(t)\mid j=1,2,\cdots,g)\} \\ \sum_{t=1}^{n}\lambda_t=1 \\ \lambda_{t+1}=\lambda_t+\Delta\lambda \end{cases} \tag{6.5}$$

式中：$Z_k^{+}(t)$ 为京津冀不同时期不同维度综合指数的正理想解集合矩阵；$Z_k^{-}(t)$ 为京津冀不同时期不同维度综合指数的负理想解集合矩阵；λ_t 为对应的不同时期的时间权重，由于距离现在越近，京津冀地方政府综合治理能力相对更好，综合发展指数相对更高，因此，应赋予其更大的权重，可采用等差数列赋权方法确定时间未定的权重，$\Delta\lambda$ 为等差数列的公差。则京津冀第 j 地区发展绩效 C_{j1} 可表示为

$$C_{j1}=\frac{\sum_{k=1}^{4}S_{jk}^{-}}{\sum_{k=1}^{4}(S_j^{+}+S_j^{-})} \tag{6.6}$$

2）基于灰关联分析法度量模型

根据京津冀不同时期不同维度的综合指数，结合灰色关联评价法，确定京津冀

各区域之间的综合发展绩效，并评价其优劣。灰色关联评价法的具体计算步骤为：

步骤1，确定理想的参考方案。

设待评价的区域方案可表示为

$$X_j(t) = \{X_{jk}(t) \mid k = 1,2,3,4\} \tag{6.7}$$

式中：$X_j(t)$表示第j地区第t时期待比较的方案，$i=1,2,\cdots,I$；$X_{jt}(k)$表示第j地区第t时期的第k维度方案。

将京津冀各地区比较方案中的最优值作为理想的参考方案。理想的参考方案可表示为

$$X_j = \{\max X_j(t) \mid t = 1,2,\cdots,T\} \tag{6.8}$$

步骤2，确定比较方案和参考方案的绝对差距。

$$M_j(t) = \mid X_j(t) - X_j \mid \tag{6.9}$$

步骤3，确定比较方案和参考方案的灰色关联系数。

第j地区方案与参考方案的第k维度$X_{jk}(t)$与X_j的灰关联系数N_{jk}可表示为

$$N_j(t) = \frac{[\min_j \min_k M_j(t) + \rho \max_j \max_k M_j(t)]}{M_j(t) + \rho \max_j \max_k M_j(t)} \tag{6.10}$$

式中：ρ称为分辨系数，ρ越小，分辨力越大，一般ρ的取值区间为[0,1]，ρ的具体取值可视情况而定，通常取$\rho=0.5$。$\min_j \min_k M_j(t)$称为两级最小差，其中$\min_k M_j(t)$为第一级最小差，$\min_j(\min_k M_j(t))$为第二级最小差；$\max_j \max_k M_j(t)$称为两级最大差，其中$\max_k M_j(t)$为第一级最大差，$\max_j(\max_k M_j(t))$为第二级最大差。

步骤4，确定比较方案和参考方案的关联度。

记第k维度的权重为$w_k(k=1,2,3,4)$，比较方案和参考方案的关联度可表示为

$$C_{j2} = \sum_{k=1}^{4}[w_k \cdot \frac{1}{T}\sum_{t=1}^{T} N_j(t)] \tag{6.11}$$

式中：C_{j2}为京津冀第j地区发展绩效。

根据式(6.6)和式(6.11)，京津冀各地区的综合发展绩效度量可表示为

$$C_j = \frac{C_{j1} + C_{j2}}{2} \tag{6.12}$$

(3) 京津冀协同发展效度与协同发展能力评价

在确定京津冀第 j 地区综合治理指数 C_j 的基础上，基于协调度评价法，可确定京津冀各个地区之间综合治理的协同发展效度以及京津冀各个地区与京津冀整体综合治理的协同发展效度，即

$$\begin{cases} D_{jl} = \sqrt{C_{jl} \cdot T_{jl}} \\ C_{jl} = \left\{ \dfrac{C_j \cdot C_l}{\left[\dfrac{C_j + C_l}{2} \right]^2} \right\}^t \\ T_{jl} = w_j \cdot C_j + w_l \cdot C_l \\ w_j + w_l = 1 \end{cases} \quad (j \neq l) \tag{6.13}$$

式中：D_{jl} 为第 j 地区与第 l 地区之间综合治理的协同有序发展效度，其中，当 $j=0$ 时，D_{jl} 为京津冀整体与其各个地区之间综合治理的协同发展效度；C_{jl} 为第 j 地区与第 l 地区之间综合治理的协调度，t 为调节系数，一般情况下，取 $t=\dfrac{1}{2}$；T_{jl} 为第 j 地区与第 l 地区之间综合治理的协同发展指数，基于京津冀各个地区的综合治理对京津冀综合治理具有同等重要性，各个地区之间综合治理必须保持同步，因此取 $w_j=w_l=0.5$。

在确定京津冀协同发展效度基础上，确定京津冀协同发展能力指数，即

$$C = \sqrt{\left\{ \frac{\prod_{j=1}^{3} C_j}{\left(\frac{1}{3} \sum_{j=1}^{3} C_j \right)^3} \right\}^{1/3} \cdot \frac{1}{3} \sum_{j=1}^{3} C_j} \tag{6.14}$$

式中：C 京津冀协同发展能力指数；C_j 为京津冀第 j 地区的综合发展绩效。

第四篇

京津冀协同发展评价方法的应用

7 京津冀协同发展评价的实证研究

7.1 科技-经济-社会-生态协调性评价

在确定"十二五"期间北京、天津、河北、京津冀地区科技创新、经济发展、社会治理、生态环境建设四个维度综合发展水平指数基础上，采用容量耦合度模型，分别测算"十二五"期间北京、天津、河北、京津冀地区的科技-经济、科技-社会、科技-生态、科技-经济-生态、科技-社会-生态、经济-社会-生态以及科技-经济-社会-生态的协调度和协调发展度（见图 7.1）。

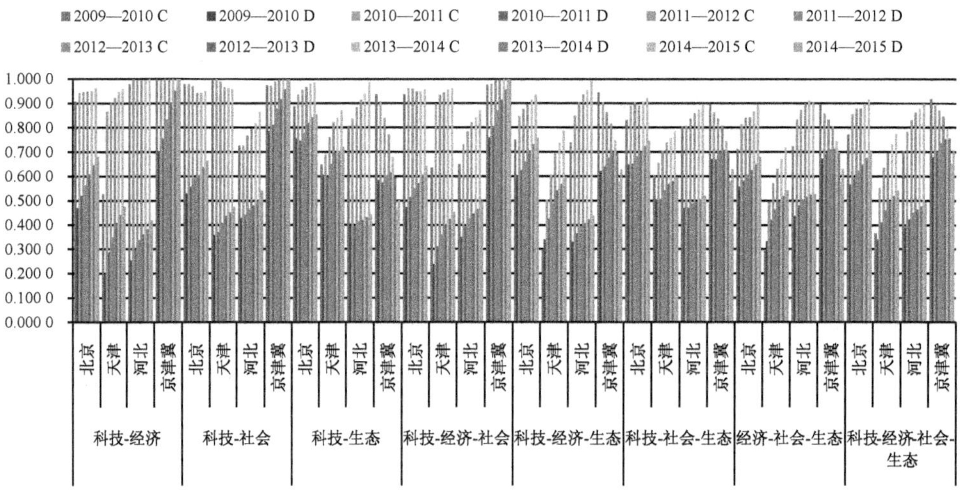

图 7.1 "十二五"期间京津冀科技-经济-社会-生态协调度及协调发展度对比

由图 7.1 可以看出，"十二五"期间京津冀各个维度之间协调度水平普遍高于协调发展度水平。总体来看，科技创新维度与经济发展维度的协调情况最优；其次是科技-社会、科技-生态及科技-经济-社会之间的协调情况；协调情况相对较弱的是科技-经济-生态、科技-社会-生态、科技-经济-社会-生态以及经济-社会-生态。

7.1.1　科技-经济协调性评价

“十二五”期间京津冀科技创新维度与经济发展维度的协调度及协调发展度见表 7.1。

表 7.1　京津冀科技-经济协调度及协调发展度

年份	北京		天津		河北		京津冀地区	
	C	D	C	D	C	D	C	D
2009—2010	0.906 4	0.469 9	0.528 0	0.196 5	0.978 8	0.253 9	1.000 0	0.704 8
2010—2011	0.943 1	0.519 9	0.866 1	0.286 5	0.997 5	0.299 0	0.995 0	0.755 3
2011—2012	0.944 5	0.563 1	0.901 7	0.349 6	0.995 0	0.336 6	0.999 2	0.833 8
2012—2013	0.947 8	0.608 3	0.921 0	0.408 2	0.991 4	0.360 7	0.999 9	0.899 7
2013—2014	0.949 7	0.645 8	0.946 4	0.439 8	0.992 9	0.381 4	1.000 0	0.949 2
2014—2015	0.963 4	0.681 1	0.959 4	0.476 1	0.999 3	0.418 1	1.000 0	1.000 0

(1) 科技-经济的协调度评价

根据表 7.1,2009—2015 年京津冀地区科技创新维度与经济发展维度协调度最优,取值均在 0.99 以上,并于 2009—2010 年、2013—2015 年达到完全协调;其次是河北,2009—2015 年协调度取值 0.978 8,从 2010 年开始协调度取值均在 0.99 以上,科技创新维度与经济发展维度接近完全协调;再次是北京,协调度均在 0.9 以上,并实现逐年递增,由 2009—2010 年的 0.906 4 增长到 2014—2015 年的 0.963 4,六年间协调度均值达 0.942 5;协调度最差的是天津,但其实现协调度逐年递增,且增幅较北京市每年增幅大,2009—2010 年科技创新维度与经济发展维度协调度为 0.528 0,处于低度协调状态,2010—2011 年科技创新维度与经济发展维度协调度为 0.866 1,处于中度协调状态,从 2011 年开始,科技创新维度与经济发展维度协调度达到 0.9 以上,实现高度协调,六年间天津市科技创新维度与经济发展维度协调度均值为 0.853 8,处于中度协调状态。

综上分析可以发现,2009—2015 年科技创新维度与经济发展维度协调度水平排名为京津冀地区、河北、北京、天津;其中京津冀地区与河北省科技创新维度与经济发展维度接近完全协调;北京市科技创新维度与经济发展维度六年间均达到高度协调,且协调水平逐年递增;天津市科技创新维度与经济发展维度协调水平较差，但实现逐年递增，增幅远超北京，从低度协调水平发展至高度协调水平。

(2) 科技-经济的协调发展度评价

根据表7.1，2009—2015年京津冀地区科技创新维度与经济发展维度协调发展度最优，六年间协调发展度均值为0.857 1，处于良好协调发展水平，从2009—2013年的0.704 8、0.755 3、0.833 8和0.899 7的协调发展度，增长到2013—2014年的0.949 2协调发展度，再增长到2014—2015年1的协调发展度，实现从良好协调发展到高度协调发展再到完全协调发展的提高；其次是北京市，六年间科技创新维度与经济发展维度的协调发展度均值为0.581 3，处于低度协调发展水平，从2009—2012年的0.469 9、0.519 9和0.563 1，增长到2012—2015年的0.608 3、0.645 8、0.681 1，实现从低度协调发展水平到一般协调发展水平的提高；协调发展水平较差的是天津和河北，六年间科技创新维度与经济发展维度协调发展度均值分别为0.359 5和0.341 6，虽实现逐年递增，但协调发展度始终未超过0.5，一直处于低度协调发展状态。

综上分析可以发现，2009—2015年科技创新维度与经济发展维度协调发展度水平排名为京津冀地区、北京、天津、河北，且均实现逐年提高，增幅以京津冀地区最高，其次是天津，略低于京津冀地区总体，再次是北京，略低于天津，最小的为河北；其中京津冀地区从良好协调发展水平一直提高到完全协调发展水平；北京市从低度协调发展水平提高到一般协调发展水平；天津、河北则一直处于低度协调发展水平。

综合科技创新维度与经济发展维度协调度与协调发展度评价结果可以发现，京津冀地区科技—经济协调度及协调发展度均优于北京、天津、河北，河北的协调度略优于北京，北京优于天津，协调发展度北京优于天津，天津略优于河北，其中各地区间协调发展度差距相比协调度差距较大，说明北京、天津、河北间科技、经济发展存在不均衡现象。结合北京、天津、河北科技创新维度与经济发展维度综合发展指数可以发现，北京、天津的科技创新水平均高于河北，但科技创新维度与经济发展维度的协调度较河北差，因此，可以通过将北京、天津的科技禀赋向河北省转移，尤其是天津市，让河北省承接北京、天津的科技推力，以提高整个区域科技创新的经济效益。

7.1.2 科技-社会协调性评价

“十二五”期间京津冀科技创新维度与社会治理维度的协调度及协调发展度见表7.2。

表 7.2　京津冀科技-社会协调度及协调发展度

年份	北京		天津		河北		京津冀地区	
	C	D	C	D	C	D	C	D
2009—2010	0.978 1	0.529 6	0.998 4	0.357 6	0.726 1	0.429 3	0.974 3	0.787 4
2010—2011	0.978 8	0.557 0	0.999 2	0.369 8	0.726 2	0.439 9	0.971 5	0.810 6
2011—2012	0.970 3	0.590 3	0.988 5	0.408 3	0.767 2	0.468 3	0.989 5	0.879 0
2012—2013	0.941 8	0.602 5	0.965 9	0.439 2	0.795 2	0.479 9	0.998 7	0.916 7
2013—2014	0.941 1	0.636 8	0.962 3	0.452 2	0.818 0	0.498 5	0.999 9	0.956 7
2014—2015	0.948 3	0.663 0	0.957 5	0.474 4	0.863 7	0.541 5	1.000 0	1.000 0

(1) 科技-社会的协调度评价

根据表 7.2,2009—2015 年京津冀地区科技创新维度与社会治理维度协调度最优,六年间协调度均值达 0.989 0,处于高度协调水平,且协调度整体呈上升趋势,由 2009—2010 年的 0.974 3 增长到 2014—2015 年的 1,实现完全协调;其次是天津市,六年间协调度均值达 0.978 6,处于高度协调状态,并于 2009—2011 年间达到 0.99 以上,接近完全协调,从 2011 年协调度开始下降,至 2014—2015 年已降至 0.957 5,但天津市各年科技创新维度与社会治理维度均处于高度协调水平;再次是北京市,六年间协调度均值达 0.959 7,处于高度协调水平,与天津市相同,从 2011 年协调度开始下降,至 2014—2015 年已降至 0.948 3,同样北京市各年科技创新维度与社会治理维度也均处于高度协调水平;协调度最差的是河北省,六年间协调度均值为 0.782 8,处于中度协调水平,但其科技创新维度与社会治理维度的协调度实现逐年递增,从 2009—2010 年的 0.726 1 增长到 2014—2015 年的 0.863 7。

综上分析可以发现,2009—2015 年科技创新维度与社会治理维度协调度水平排名为京津冀地区、天津、北京、河北,除河北省科技—社会处于中度协调水平外,其他地区均达到高度协调水平;其中京津冀地区科技创新维度与社会治理维度协调度整体呈递增趋势,并从 2012 年开始协调度达到 0.99 以上,接近完全协调;天津、北京科技创新维度与社会治理维度的协调度则在 2009—2011 年增长后开始逐年递减;河北省科技创新维度与社会治理维度的协调度实现逐年递增,且增幅较京津冀地区的增幅大。

(2) 科技-社会的协调发展度评价

根据表 7.2,2009—2015 年京津冀地区科技创新维度与社会治理维度协调发展度最优,六年间协调发展度均值为 0.891 7,处于良好协调发展水平,协调发展度取值实现逐年递增，从 2009—2012 年的 0.787 4、0.810 6、0.879 0 的良好协调发展水平，提升到 2012—2014 年的 0.916 7、0.956 7 的高度协调发展水平，再提高到 2014—2015 年的完全协调发展；科技创新维度与社会治理维度协调发展度次之的是北京，六年间协调发展度均值为 0.596 5，处于低度协调发展水平，但已临近一般协调发展水平，协调发展度取值实现逐年递增，但增幅较京津冀地区小，从 2009—2012 年的 0.529 6、0.557 0、0.590 3 的低度协调发展水平，提升到 2012—2015 年的 0.602 5、0.636 8、0.663 0 的一般协调发展水平；再次的是河北，科技创新维度与社会治理维度协调发展度均值为 0.476 2，处于低度协调发展水平，协调度取值实现逐年递增，但增幅较北京小，从 2009—2010 年的 0.429 3，增长到 2014—2015 年的 0.541 5；科技创新维度与社会治理维度协调发展度最差的为天津，六年间协调发展度均值为 0.416 9，但同样实现逐年递增，且增幅大于河北，从 2009—2010 年的 0.357 6 增长到 2014—2015 年的 0.474 4。

综上分析可以发现，2009—2015 年科技创新维度与社会治理维度协调发展度水平排名为京津冀地区、北京、河北、天津，且均实现逐年提高，增幅排名为京津冀地区、北京、天津、河北；其中京津冀地区从良好协调发展水平一直提高到完全协调发展水平；北京市从低度协调发展水平提高到一般协调发展水平；天津、河北则一直处于低度协调发展水平。

综合科技创新维度与社会治理维度协调度与协调发展度评价结果可以发现，2009—2015 年京津冀科技创新维度、社会治理维度协调发展度均实现逐年递增，协调度仅京津冀地区与河北省实现逐年递增，北京、天津则呈下降趋势；进行对比可以发现，京津冀地区两系统协调度及协调发展度均优于北京、天津、河北，协调度天津略优于北京，北京优于河北，协调发展度，北京优于河北，河北略优于天津；且京津冀地区与北京，北京与天津、河北之间的协调发展度差距相比协调度差距较大，天津与河北之间的协调发展度差距相比协调度差距较小，说明北京、天津、河北间科技、社会发展存在不均衡现象。结合北京、天津、河北科技创新维度与社会治理维度综合发展指数分析，北京的科技创新水平高于天津，天津高于河北，河北的社会治理综合水平高于北京，北京高于天津，因此，要提高京津冀区域内部科技、社会的共同进步、均衡发展，一方面可以利用天津市科技创新维度与社会治理维度的高度协调性，以北京高科技水平拉动天津科技进步，推动天津科技、社会共同发展，提高天津市科技创新维度与社会治理维度的协调发展水平；另一方面，对于地域相对较广，人口相对北京、天津较多的河北省，科技水平明显较为落后，推动京津冀各地区科研成果共享，充分利用河北省地大物博的优势，使其承担起京津科研成果市场化的重担，提升河北省科技、社会协调发展，同时缓解北京、天津科技系统与社会系统的协调性下降问题。

7.1.3　科技-生态协调性评价

“十二五”期间京津冀科技创新维度与生态环境建设维度的协调度及协调发展度见表7.3。

表7.3　“十二五”期间京津冀科技-生态协调度及协调发展度

年份	北京		天津		河北		京津冀地区	
	C	D	C	D	C	D	C	D
2009—2010	0.886 3	0.756 2	0.647 8	0.606 4	0.806 2	0.395 7	0.935 2	0.583 6
2010—2011	0.934 1	0.744 9	0.687 0	0.597 7	0.835 6	0.392 9	0.906 5	0.573 5
2011—2012	0.954 7	0.778 5	0.761 0	0.648 7	0.883 7	0.412 7	0.838 6	0.602 1
2012—2013	0.966 9	0.817 5	0.822 2	0.692 6	0.912 4	0.419 7	0.771 5	0.613 5
2013—2014	0.979 2	0.841 5	0.840 5	0.704 2	0.938 6	0.430 1	0.680 6	0.595 2
2014—2015	0.984 0	0.855 0	0.870 6	0.720 5	0.988 2	0.443 3	0.471 1	0.500 3

（1）科技-生态的协调度评价

根据表7.3，2009—2015年北京市科技创新维度与生态环境建设维度协调度最优，六年间协调度均值达0.950 9，处于高度协调水平，且协调度取值实现逐年递增，2009—2010年协调度取值0.886 3，达到中度协调水平，从2010年开始北京市科技创新维度与生态环境建设维度的协调度超过0.9，达到高度协调水平，至2014—2015年协调度已达到0.984 0，科技创新维度与生态环境建设维度接近完全协调；协调度次之的为河北省，六年间协调度均值达0.894 1，处于中度协调水平，但已接近高度协调水平，协调度取值实现逐年递增，且增幅接近北京市六年增幅的两倍，共增长0.182 0，从2009—2012年协调度取值0.806 2、0.835 6、0.883 7的中度协调水平增长到2012—2015年的0.912 4、0.938 6和0.988 2，达到高度协调水平，且2014—2015年河北省科技创新维度与生态环境建设维度接近完全协调；科技创新维度与生态环境建设维度协调性较差的为天津市，六年间协调度均值为0.661 7，处于中度协调水平，协调度取值实现逐年递增，且增幅超过河北省，从2009—2011年协调度取值0.606 4、0.597 7的磨合协调阶段，提高到2011—2015年协调度取值0.648 7、0.692 6、0.704 2、0.720 5的中度协调水平；科技创新维度与生态环境建设维度协调性最差的为京津冀地区，六年间协调度均值为0.767 3，处于中度协调水平，协调度取值逐年下降，且降幅较大，从2009—2011年协调度取值0.935 2、0.906 5的高度协调水平，降低到2011—2013年协调度取值0.838 6、0.771 5的中度协调水平，再降至2013—2014年协调度取值为0.680 6的磨合协调水平，最后降至2014—2015年协调度仅为0.471 1的低度协调水平。

综上分析可以发现，2009—2015年科技创新维度与生态环境建设维度协调度水平排名为北京、河北、天津、京津冀地区，整体上看仅北京达到高度协调发展水平，河北、天津、京津冀地区科技创新维度与生态环境建设维度均处于中度协调水平，且北京、天津、河北的协调度取值呈逐年递增，增幅以天津市最高，其次是河北，再次是北京，京津冀地区总体的协调度取值呈加速下降态势。

(2) 科技-生态的协调发展度评价

根据表7.3，2009—2015年北京市科技创新维度与生态环境建设维度协调发展度最优，六年间协调发展度均值为0.798 9，处于良好协调发展水平，协调发展度取值实现逐年递增，从2009—2010年的0.756 2增长到2014—2015年的0.855 0，各年科技创新维度与生态环境建设维度均处于良好协调发展水平；科技创新维度与生态环境建设维度协调发展水平次之的是天津市，六年间协调度均值为0.661 7，处于良好协调发展水平，协调发展度取值整体呈增长趋势且六年增幅超过北京，从2009—2011年协调发展度取值0.606 4和0.597 7的一般协调发展水平增长到2011—2015年协调发展度取值0.648 7、0.692 6、0.704 2、0.720 5的良好协调发展水平，其中2014—2015年天津市科技创新维度与生态环境建设维度已接近高度协调发展水平；协调发展水平相对较差的是京津冀地区，六年间协调发展度均值为0.578 0，处于低度协调发展水平，协调度取值先递增后递减，从2009—2011年协调发展度取值0.583 6、0.573 5的低度协调发展水平，提高到2011—2013年协调发展度为0.602 1、0.613 5的一般协调发展水平，又降低到2013—2015年协调发展度为0.595 2、0.500 3的低度协调发展水平；科技创新维度与生态环境建设维度协调发展水平最差的是河北省，六年间协调发展度均值为0.415 7，处于低度协调发展水平，协调发展度虽实现逐年递增，但增幅较小，从2009—2010年的0.395 7，到2014—2015年仅增长到0.443 3。

综上分析可以发现，2009—2015年科技创新维度与生态环境建设维度协调发展度水平排名为北京、天津、京津冀地区、河北，除京津冀地区协调发展度取值表现出先增后降外，北京、天津、河北整体均呈现递增趋势，增幅以天津市最高，其次是北京，再次是河北，；其中北京各年均处于一般协调发展水平，天津除2010—2011年协调发展度略低于一般协调发展水平下限外，其余年份也均处于一般协调发展水平,京津冀地区则从低度协调发展水平提高到一般协调发展水平后又降低到低度协调发展水平,河北省各年协调发展度均较差,协调发展度取值在0.4左右,一直处于低度协调发展水平。

综合科技创新维度与生态环境建设维度协调度与协调发展度评价结果可以发现,2009—2015年北京、天津、河北科技创新维度与生态环境建设维度的协调度及协调发展度整体呈递增趋势,且2014—2015年北京、河北科技创新维度与生态环境建设维度接近完全协调,京津冀地区科技-生态的协调度则表现出逐年递减,协调发展度呈先增后减状态;进行对比可以发现,北京市科技-生态的协调度及协调发展度均优于天津、河北及京津冀地区总体;从科技-生态协调度来看,河北优于天津、天津略优于京津冀地区,从科技-生态协调发展度来看,天津略优于京津冀地区,京津冀地区优于河北。结合北京、天津、河北科技创新维度与生态环境建设维度综合发展指数分析,北京市科技创新水平最高,生态环境建设水平略低于天津,科技-生态协调情况最优;天津市科技创新水平低于北京,生态环境建设水平最高,科技-生态协调性较差,河北省科技创新与生态环境建设水平最低,但科技-生态的协调性较好,说明天津市的问题在于科技创新不足,河北省的问题在于科技创新、生态环境建设均较弱。因此,以北京的科技创新辐射津冀,河北重点引入环保技术,在促进津冀科技创新的同时,改善河北省生态环境建设现状,是推动京津冀地区科技、生态协调发展的有效途径。

7.1.4 经济-社会-生态协调性评价

"十二五"期间京津冀经济发展维度、社会治理维度、生态环境建设维度的协调度及协调发展度见表7.4。

表7.4 "十二五"期间京津冀经济-社会-生态协调度及协调发展度

年份	北京		天津		河北		京津冀地区	
	C	D	C	D	C	D	C	D
2009—2010	0.711 8	0.557 9	0.291 7	0.331 7	0.724 3	0.436 7	0.893 0	0.671 6
2010—2011	0.813 3	0.581 9	0.494 6	0.421 4	0.833 7	0.480 8	0.858 7	0.692 9
2011—2012	0.839 5	0.608 1	0.571 8	0.464 5	0.872 8	0.505 2	0.831 8	0.709 3
2012—2013	0.840 8	0.624 0	0.629 7	0.496 4	0.900 4	0.515 6	0.804 7	0.710 7
2013—2014	0.867 8	0.649 1	0.671 0	0.518 7	0.909 1	0.524 4	0.744 1	0.698 7
2014—2015	0.894 6	0.678 6	0.717 5	0.541 6	0.901 9	0.526 3	0.577 7	0.630 2

(1) 经济-社会-生态的协调度评价

根据表7.4,2009—2015年河北省经济发展维度、社会治理维度、生态环境建设维度的协调度最优,六年间协调度均值为0.857 0,处于中度协调水平,协调度取值整体呈递增趋势,从2009—2010年0.724 3的临近中度协调水平下限,增长到2012—2015年协调度取值均高于0.9的高度协调水平;协调水平次之的是北京市,六年间协调度均值为0.828 0,处于中度协调水平,协调度取值实现逐年递增,从2009—2010年0.711 8的临近中度协调水平下限,增长到2014—2015年0.894 6的临近中度协调水平上限,接近高度协调水平;协调水平再次的是京津冀地区总体,六年间协调度均值0.785 0,处于中度协调水平,协调度取值出现逐年下降现象,从2009—2010年0.893 0接近高度协调水平,下降至2013—2014年0.744 1的临近中度协调水平下限,再降至2014—2015年0.577 7的低度协调水平;协调水平最差的是天津,六年间协调度均值0.562 7,处于低度协调水平,但其协调度取值实现逐年递增,且增幅较大,从2009—2012年0.291 7、0.494 6、0.571 8的低度协调水平,增至2012—2014年0.629 7、0.671 0的磨合协调水平,再增至2014—2015年0.717 5的中度协调水平。

综上分析可以发现,2009—2015年经济发展维度、社会治理维度、生态环境建设维度的协调度平均水平排名为河北、北京、京津冀地区、天津,整体上看河北、北京、京津冀地区总体四系统均达到中度协调水平,天津经济-社会-生态处于低度协调水平,且北京、天津、河北的协调度取值呈逐年递增,增幅以天津市最高,从取值极低的低度协调水平增至中度协调水平。其次是北京,比北京略低的是河北,而京津冀地区总体的协调度取值呈下降态势,且降幅较大,从接近高度协调水平降至低度协调水平。

(2) 经济-社会-生态的协调发展度评价

根据表7.4,2009—2015年京津冀地区经济发展维度、社会治理维度、生态环境建设维度的协调发展水平最优,六年间协调发展度均值为0.685 6,处于一般协调发展水平,协调发展度取值呈先增后减态势,从2009—2011年0.671 6、0.692 9的一般协调发展水平增长到2011—2013年的良好协调发展水平,又降至2013—2015年0.698 7、0.630 2的一般协调发展水平;协调发展水平次之的是北京,六年间协调发展度均值为0.616 6,处于一般协调发展水平,协调发展度取值实现逐年递增,从2009—2011年0.557 9、0.581 9的低度协调发展水平增至2011—2015年0.608 1、0.624 0、0.649 1、0.678 6的一般协调发展水平;协调发展水平较差的是河北、天津,六年间协调发展度均值分别为0.498 2和0.462 4,处于低度协调发展水平，但两省市协调发展度取值均实现逐年递增，由于增幅有限，未能突破低度协调发展水平区间。

综上分析可以发现，2009—2015 年经济发展维度、社会治理维度、生态环境建设维度的协调发展度水平排名为京津冀地区、北京、河北、天津，整体上看京津冀地区和北京总体处于一般协调发展水平，天津、河北仅处于低度协调发展水平且各年均处于低度协调发展水平；就变化情况来看，北京、天津、河北均实现逐年递增，增幅以天津市最大，其次是北京市，从低度协调发展水平提高到一般协调发展水平，再次是河北省，而京津冀地区虽六年间整体协调发展水平最高，但出现 0.041 4 的降幅。

综合经济发展维度、社会治理维度、生态环境建设维度的协调度与协调发展度评价结果可以发现，2009—2015 年北京、天津、河北经济发展维度、社会治理维度、生态环境建设维度的协调度及协调发展度整体呈递增趋势，京津冀经济-社会-生态的协调度则表现出逐年递减，协调发展度呈先增后降态势。通过对比可以发现，协调度排名为河北、北京、京津冀地区、天津，而协调发展度排名为京津冀地区、北京、河北、天津，结合北京、天津、河北经济发展维度、社会治理维度、生态环境建设维度综合发展指数分析，北京的优势在于经济发展和生态环境建设，天津的优势在于生态环境建设，河北的优势在于社会治理维度综合水平较高，因此导致各地市经济发展维度、社会治理维度、生态环境建设维度的协调度及协调发展度较低且协调度与协调发展度排名不一致。因此，充分发挥科技在均衡各地市及各地市内部经济、社会、生态发展上的作用，以推动京津冀科技、经济、社会、生态共同进步是必要之举。

7.1.5　科技-经济-社会-生态协调性评价

“十二五”期间京津冀科技创新维度、经济发展维度、社会治理维度、生态环境建设维度的协调度及协调发展度见表 7.5。

表 7.5　“十二五”期间京津冀科技-经济-社会-生态协调度及协调发展度

年份	北京		天津		河北		京津冀地区	
	C	D	C	D	C	D	C	D
2009—2010	0.771 2	0.565 4	0.365 7	0.340 4	0.704 8	0.391 3	0.918 6	0.679 1
2010—2011	0.855 8	0.590 8	0.551 1	0.409 8	0.782 8	0.423 2	0.891 5	0.699 2
2011—2012	0.877 0	0.622 5	0.633 9	0.458 4	0.829 4	0.450 8	0.870 2	0.734 9

续表

年份	北京		天津		河北		京津冀地区	
	C	D	C	D	C	D	C	D
2012—2013	0.877 1	0.646 2	0.694 9	0.497 6	0.860 8	0.463 8	0.844 9	0.752 6
2013—2014	0.896 6	0.675 1	0.731 4	0.519 0	0.878 3	0.477 1	0.793 2	0.754 4
2014—2015	0.917 3	0.702 9	0.773 4	0.543 8	0.897 7	0.494 6	0.653 4	0.707 3

(1) 科技-经济-社会-生态的协调度评价

根据表 7.5，2009—2015 年北京市科技创新维度、经济发展维度、社会治理维度、生态环境建设维度的协调度最优，六年间协调度均值为 0.865 8，处于中度协调水平，协调度取值实现逐年递增，从 2009—2010 年的 0.771 2 增长到 2013—2014 年 0.896 6 的接近高度协调水平，再增长到 2014—2015 年的 0.917 3，科技、经济、社会、生态系统达到高度协调水平；协调度次之的是京津冀地区和河北，其中京津冀地区六年间协调度均值为 0.828 6，处于中度协调水平，但协调度取值呈逐年递减趋势，从 2009—2010 年 0.918 6 的高度协调水平降至 2010—2014 年的中度协调水平，再降至 2014—2015 年 0.653 4 的磨合协调水平；河北省六年间协调度均值为 0.773 4，处于中度协调水平，协调度取值实现逐年递增，从 2009—2010 年的 0.704 8临近中度协调水平下限，增长至 2014—2015 年的 0.897 7，接近高度协调水平；协调度水平最差的是天津市，六年间协调度均值为 0.633 8，处于磨合协调水平，协调度取值亦实现逐年递增，从 2009—2011 年的低度协调水平，增长至 2011—2013 年的磨合协调水平，再增长至 2013—2014 年的中度协调水平。

综上分析可以发现，2009—2015 年科技创新维度、经济发展维度、社会治理维度、生态环境建设维度的协调度平均水平排名为北京、河北、京津冀地区、天津，整体上看北京、河北、京津冀地区科技-经济-社会-生态均达到中度协调水平，天津科技-经济-社会-生态处于磨合协调水平，且北京、天津、河北的协调度取值呈逐年递增，增幅以天津市最高，其次是河北，再次是北京，而京津冀地区总体的协调度取值呈下降态势。

(2) 科技-经济-社会-生态的协调发展度评价

根据表 7.5，2009—2015 年京津冀地区科技创新维度、经济发展维度、社会治理维度、生态环境建设维度的协调发展度最优，六年间协调发展度均值为 0.721 2，达到良好协调发展水平，除 2014—2015 年协调发展度出现下降外，2009—2014 年京津冀地区协调发展度实现逐年递增，从 2009—2011 年的一般协调发展水平，增长到2011—2015年的良好协调发展水平；其次是北京，六年间科技创新维度、经济发展维度、社会治理维度、生态环境建设维度的协调发展度均值为0.633 8，处于一般协调发展水平，协调发展度取值实现逐年递增，从2009—2011年的低度协调发展水平，增长到2011—2014年的一般协调发展水平，再增长到2014—2015年的良好协调发展水平；科技-经济-社会-生态协调发展水平较差的是天津和河北，六年间协调发展度均值分别为0.461 5和0.450 1，均处于低度协调发展水平，但协调发展度取值实现逐年递增，天津市六年增幅(0.203 4)接近河北省六年增幅(0.103 3)的两倍，其中天津市科技-经济-社会-生态协调发展度从2009—2010年的0.340 4增长到2014—2015年的0.543 8，河北省科技—经济—社会—生态协调发展度从2009—2010年的0.391 3增长到2014—2015年的0.494 6。

综上分析可以发现，2009—2015年科技创新维度、经济发展维度、社会治理维度、生态环境建设维度的协调发展度水平排名为京津冀地区、北京、天津、河北，整体上看仅京津冀地区总体达到良好协调发展水平，北京市达到一般协调发展水平，天津、河北仅处于低度协调发展水平且各年均处于低度协调发展水平；就变化情况来看，北京、天津、河北及京津冀地区整体呈递增趋势，增幅以天津市最大，其次是北京市，从低度协调发展水平，提高到一般协调发展水平，再提高到良好协调发展水平，再次是河北省，最后是京津冀地区总体，从一般协调发展水平提高到良好协调发展水平。

综合科技创新维度、经济发展维度、社会治理维度、生态环境建设维度的协调度与协调发展度评价结果可以发现，2009—2015年北京、天津、河北科技创新维度、经济发展维度、社会治理维度、生态环境建设维度的协调度及协调发展度实现逐年递增，京津冀科技-经济-社会-生态的协调度则表现出逐年递减，协调发展度除2014—2015年出现下降外，其余年份均呈递增趋势；进行对比可以发现，京津冀区域总体科技-经济-社会-生态协调度及协调发展度均优于北京，北京优于天津和河北，河北科技-经济-社会-生态的协调度优于天津，但协调发展度略低于天津。

对“十二五”期间京津冀科技创新、经济发展、社会治理、生态环境建设间协调度及协调发展度评价可以发现：①北京、天津、河北科技创新与经济发展、生态建设，以及科技、经济、社会、生态的协调性逐年递增，除河北省科技创新与社会治理的协调性逐年递增外，北京、天津科技创新与社会治理的协调性均呈递减趋势，表明科技与经济、生态的关系越来越密切，而与社会治理的关系发展趋势存在不确定性。②对科技创新维度与各个维度间协调度进行对比，科技-经济的协调性优于科技-社会，科技-社会的协调性优于科技-生态，且科技-经济、科技-社会均出现接近完全协调的情况。③对各地区进行对比，科技-生态以及科技、经济、社会、生态的协调度北京优于河北，河北优于天津；科技-经济的协调度为河北优于北京，北京优于天津；科技-社会的协调度为天津优于北京，北京优于河北。④对京津冀经济、社会与生态的协调性进行评价，由于各地市经济、社会、生态发展的不均衡，导致三个维度间协调度及协调发展度较低且协调度与协调发展度排名不一致。⑤综合各个维度间协调发展度及各个维度综合发展水平，北京市科技、经济、社会、生态发展较为均衡，且水平均较高，应充分保持自身优势，发挥溢出效应，对天津、河北进行科技成果共享或技术有偿转移，尤其对于河北，要针对生态环境改善技术对其进行扶持，从而利用天津市与河北省科技与经济、社会、生态的密切关系来推动其科技、经济、社会、生态共同发展；同时完善科技资源配置结构及方向，以改善京津冀区域间及区域内部经济、社会、生态发展的不协调问题。

7.2 京津冀协同发展效度与能力评价

(1) 京津冀综合发展指数的维度贡献

经计算，“十二五”期间京津冀综合指数的变化趋势见图 7.2。

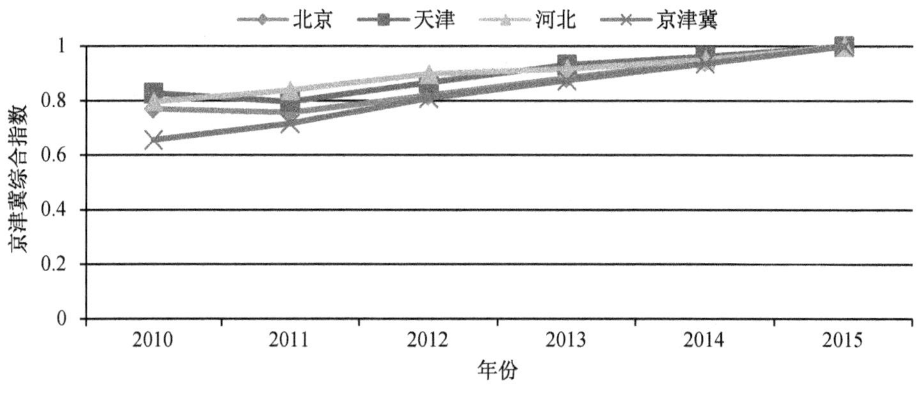

图 7.2 “十二五”期间京津冀综合指数变化趋势

根据图 7.2 可知，在京津冀地方政府的共同努力作用下，京津冀综合指数总体呈上升趋势。“十二五”期间，京津冀加快转变经济发展方式，优化产业结构布局，京津冀综合管理效果总体处于不断好转的局势，京津冀整体的综合指数保持较高水平。京津冀整体的综合指数增长幅度最高，达到 34.43%。其次为北京市(23.03%)、河北省(20.24%)、天津市(17.15%)。

经计算，根据“十二五”期间京津冀综合指数的总体变化及 4 个维度变化，可得出各维度对京津冀综合指数的平均贡献度(见表 7.6)。

表 7.6　京津冀科技创新、经济发展、社会治理、生态环境建设维度对综合指数的平均贡献度

维度	北京市	天津市	河北省	京津冀
科技创新	26.48%	16.42%	11.77%	28.85%
经济发展	13.93%	7.58%	14.12%	30.51%
社会治理	14.60%	10.68%	47.32%	34.44%
生态环境建设	44.99%	65.31%	26.79%	6.20%

生态环境建设对北京市、天津市综合指数的平均贡献度较高,社会治理对河北省、京津冀综合指数的平均贡献度较高。

(2) 京津冀协同发展效度

根据改进的理想解法和灰关联分析法,对京津冀综合发展绩效进行横向对比,可得出北京市、天津市、河北省、京津冀整体之间综合发展绩效对比评价结果,综合发展绩效由高到低的排列顺序为北京市(0.48)、天津市(0.47)、河北省(0.37)和京津冀整体(0.64)。

基于协调度评价法,可计算出京津冀各个地区之间综合发展绩效的协同发展效度,见表 7.7。

表 7.7　京津冀协同发展效度

地区	天津市	河北省	京津冀
北京市	0.688	0.617	0.744
天津市		0.615	0.741
河北省			0.665

根据表 7.7 的评价结果可知,北京市与京津冀整体保持较高的协同发展效度,达到 0.744。天津市与京津冀整体的协同发展效度略低于北京市,达到 0.741。河北省与京津冀整体的协同发展效度最低,达到 0.665。

综合计算,京津冀地区北京市、天津市、河北省之间的协同发展能力为 0.742。

7.3　对策建议

综合“十二五”期间京津冀科技创新与经济发展、社会治理、生态环境建设的关系分析及弹性分析可以发现:1) “十二五”期间京津冀科技创新与经济发展、社会治理、生态环境建设存在长期稳定的关系;2) 经济发展对科技创新的敏感性较强,其次是社会治理对科技创新，而生态环境建设对科技创新的敏感性较弱；3）经济发展对科技创新的敏感性方面，京津冀区域相比北京、天津、河北各地市经济发展对科技创新的敏感性较弱，社会治理对科技创新的敏感性方面呈现不稳定现象，生态环境建设与科技创新五年间总体呈现发展方向相反的现象，仅北京及部分年份的天津实现生态环境建设对科技创新的正弹性，其余年份各地市均出现负弹性。为此，提出以下对策建议：①拓展京津冀科技创新领域，不仅注重京津冀商用技术创新，更要在京津冀社会福利提升、生态环境改善方面加大科研投入，提高京津冀科技创新效率，使京津冀科技创新引领经济发展、社会治理、生态环境建设共同均衡发展；②推动建设京津冀区域间科研成果共享机制及产学研协同发展机制，充分发挥京津冀各区域及各产业比较优势，以实现京津冀地区科技进步“1＋1＋1＞3”的经济、社会、生态效应。

结合北京、天津、河北科技创新维度、经济发展维度、社会治理维度、生态环境建设维度的综合发展指数分析，北京市科技-经济-社会-生态发展较为均衡，且水平较高；天津市经济发展水平和社会治理水平相比科技创新、生态环境建设水平较弱；河北省因地域相对广阔致使其社会治理综合指数较高，相比之下科技、经济、生态发展水平均较差。因此，综合科技、经济、社会、生态的现状，北京市应充分发挥首都科技中心作用，在科技推动本市经济、社会、生态发展的同时，充分发挥技术的溢出效应，带动天津、河北的发展；天津市应重点关注科技的经济效益和社会效益，充分利用自身科技实力推动经济、社会发展；河北省应积极引进技术，加大科技投入，在发展科技的同时，推动经济发展、生态建设共同进步。

由于长期以来京津冀地区在资源配置、要素流动等方面存在行政壁垒，导致京津冀协同发展体制机制存在多方面障碍。具体表现在：一方面，京津冀地区创新资源高度集聚于首都北京，仅中关村就拥有 68 所著名大学和 270 家科研机构。此外，在研发经费投入和研发人员投入方面，北京投入力度也是超出津冀两地的总和。另一方面，京津冀三地经济发展差异较大。多年来，北京、天津、河北各自为政，区域市场分割，产业布局不紧密。从三次产业结构来看，北京以第三产业为主，处于后工业化时期；天津以重工业为主，处于工业化后期的重工业化阶段；河北省，以传统的高耗能重工业为主，处于工业化的中期，而河北省内也是发展极不均衡，部分市农业比重大，第三产业发展落后。地区间产业结构发展不协调造成产业链关联系数较低，产业间协同程度不高。此外，北京作为行政中心，一直在着力疏解非首都功能，天津和河北作为环北京地带成为首选的承接地，而这种强制性的接纳无疑会影响津冀二地的城市定位和规划，如何协调实现三地间产业、经济的协同发展是一项艰巨的任务。

虽然国家已经出台了京津冀协同发展规划，但是京津冀内部创新体系内尚缺乏有效的制度保障，比如中关村和滨海新区二者的协同。首先，京津冀协同发展的功能定位不明确，导致区域间分工不明确，导致共享程度低，科技创新的联系和协作程度低。其次，京津冀尚未建立完善的一体化中介服务体系，割裂了一体化的区域要素市场建设，要素配置效率有所降低，未能形成京津冀协同发展的强大合力。然后，京津冀协同发展的导向不明，北京、天津和河北目前关注的产业合作多，但对京津冀整体的经济生态效益关注不足。部分产业园区存在盲目扩张，对承接首都功能疏解与产业转移表现出空前高涨热情，但却缺少后续的园区规划。最后，京津冀协同发展的机制不健全。一是政府签署的框架协议落实缓慢，而推动科技创新资源差异化布局和区域特色化发展方面实质性、可操作的引导和协调机制缺乏；二是缺乏科技创新主体间的对话机制、利益协调机制；三是未达成政府、市场两张皮合二为一。

综上，京津冀协同发展的对策建议具体可表述为：

(1) 对京津冀科技创新进行经常性评估，以及时调整不同科技资源的配置结构，扩大京津冀科技创新规模，提高京津冀科技创新效率。

(2) 通过京津冀教育、人才引进等手段提高京津冀科研人员水平，通过京津冀税收、国家奖励等手段鼓励大众创新，以提高京津冀科研成果产出数量及质量。

(3) 推动建设京津冀区域间科研成果共享机制及产学研协同发展机制，充分发挥京津冀各区域及各产业比较优势，优化京津冀科技资源区域间配置结构，以实现京津冀地区科技进步“1＋1＋1＞3”的经济、社会、生态效应。

(4) 拓展京津冀科技创新领域，调整京津冀科技资源配置方向，不仅注重京津冀商用技术创新，更要在京津冀社会福利提升、生态环境改善方面加大科研投入，以推进京津冀各区域科技创新、经济发展、社会治理、生态环境建设的协调发展，加快推动京津冀协同发展。

参考文献

[1] 周寄中. 科技资源论[M]. 西安:陕西人民教育出版社,1999:43-50.

[2] 唐五湘,李冬梅,周飞跃. 基于面板数据的我国各地区科技资源配置效率的评价[J]. 科技管理研究,2007(3):43-46.

[3] 戚湧,郭逸. 基于 SFA 方法的科技资源市场配置效率评价[J]. 科研管理,2015,36(3):84-91.

[4] 杨艳萍. 区域科技资源配置能力的综合评价[J]. 统计与决策,2007(6):68-70.

[5] 孙绪华,陈诗波,程国强. 基于 Malmquist 指数的国有科技资源配置效率监测及其影响因素分析[J]. 中国科技论坛,2011(3):21-27.

[6] 周伟. 省域科技资源配置效率评价研究[M]. 安徽:中国科学技术大学出版社,2014.

[7] 张倩伟,甄苓. 我国各地区科技资源配置的相对有效性研究[J]. 中国流通经济,2008(4):34-37.

[8] 李浩宾. 泛珠江三角洲区域科技资源配置效率综合评价——基于遗传投影寻踪方法[J]. 科技进步与对策,2009,26(6):133-137.

[9] 周伟,叶常林. 基于因子分析模型的中部六省科技资源配置效率研究[J]. 统计与决策,2011(12):85-87.

[10] 杨艳萍. 区域科技资源配置能力的综合评价[J]. 统计与决策,2007(6):68-70.

[11] 罗彪,王小平,季红梅. 基于 DEA 交叉评价的科技资源配置效率研究[J]. 现代科学管理,2011(12):35-38.

[12] 陈文山,顾金龙,黄犨. 我国 R&D 资源投入-产出关系及协调研究——以江苏为例[J]. 科技管理研究,2014(21):27-31.

[13] 徐巧玲. 科技投入产出的相对效率评价研究——基于 DEA 的 BCC 模型与 SE-CCR 模型的分析[J]. 科技管理研究,2014(1):66-70.

[14] 谢友才,张红辉. 区域科技投入产出效率的 DEA 视窗分析[J]. 研究与发展管理,2007,19(3):86-92.

[15] Noda, Hideo. R&D-Based Models of Economic GrowthReconsidered[J]. INFORMA-

TION-AN INTERNATIONAL INTERDISCIPLINARY JOURNAL, 2012, 15(2): 517-536.

[16] Beaudreau Bernard C, Lightfoot H Douglas. The physical limits to economic growth by R&D funded innovation[J]. ENERGY, 2015, 84: 45-52.

[17] 黄滢. 中国科技投入和经济增长的关系:1978—2009[J]. 时代金融, 2014(6):32-33.

[18] 张优智. 科技投入与经济增长:存在门限的非线性关系[J]. 中国科技论坛, 2014(5):32-38.

[19] 潘方卉,李翠霞,樊斌. 财政科技投入周期与经济周期协同性的马尔科夫区制转移模型[J]. 中国科技论坛, 2015(3):42-47.

[20] Moutinho R, Au-Yong-Oliveira M, Coelho A, et al. Beyond the "Innovation's Black-Box": Translating R&D outlays into employment and economic growth[J]. Socio-Economic Planning Sciences, 2015, 50(10):45-58.

[21] 邹庆,陈迅,吕俊娜. 经济与环境协调发展的模型分析与计量检验[J]. 科研管理, 2014, 35(12):175-182.

[22] 杨静,孙文生. 河北省人口、资源环境与经济协调发展评价研究[J]. 湖北农业科学, 2011, 50(21):4524-4527.

[23] 向丽. 中国省域科技创新与生态环境协调发展的时空特征[J]. 技术经济, 2016, 35(11):28-35.

[24] 李冬冬,许正良,周慧广. 科技投入对区域生态环境优化的影响评价研究[J]. 现代管理科学, 2013(5):63-65+71.

[25] 支华炜,杜纲,解百臣. 科技带动视角下的区域低碳经济效率研究[J]. 科技进步与对策, 2012, 30(3):25-31.

[26] 鲁钊阳. 省域视角下农业科技进步对农业碳排放的影响研究[J]. 科学学研究, 2013, 31(5):674-683.

[27] Kocsis, Imre, Kiss, et al. Renewable energy consumption, R&D and GDP in European union countries[J]. ENVIRONMENTAL ENGINEERING AND MANAGEMENT JOURNAL, 2014, 13(1):2825-2830.

[28] 王维,张建业,乔朋华. 区域科技人才、工业经济与生态环境协调发展研究——基于我国18个较大城市的面板数据[J]. 科技进步与对策, 2014, 31(7):37-42.

[29] 王海静. 我国产业结构高级化、科技创新与碳排放的实证研究[J]. 市场研究, 2016(4):39-41.

[30] 康绍大,王健. 科技进步与城市低碳经济发展的互动效应研究[J]. 宏观经济研究, 2016(8):116-122.

[31] 孟卫东,王清. 区域创新体系科技资源配置效率影响因素实证分析[J]. 统计与决策, 2013(4):96-99.

[32] 党亚茹,彭丽娜. 省区科技资源配置效率的发展评价分析[J]. 科技管理研究, 2012(20):

81-84.

[33] 王守宝. 地区科技资源配置相对效率评价研究[J]. 经济研究,2010,31(7):48-51.

[34] 刘磊,胡树华. 国内外R&D管理比较研究及对中国科技资源配置的启示[J]. 科学学研究,2000,18(1):62-66.

[35] 赵俊杰. 合理使用科技资源提高科技投入产出效率[J]. 中国科技论坛,2005(6):9-23.

[36] 俞立平,郑彦宁,潘云涛,等. 数据包络分析在科技评价中的指标优化研究[J]. 中国科技论坛,2008(4):105-109.

[37] 魏守华,吴贵生. 区域科技资源配置效率研究[J]. 科学学研究,2005,23(4):467-473.

[38] 董会忠,张峰,殷秀清. 基于可拓评价的科技水平与低碳经济发展动态关联分析[J]. 财经理论研究,2015(3):1-8.

[39] 王介勇,吴建寨. 黄河三角洲区域生态经济系统动态耦合过程及趋势[J]. 生态学报,2012,32(15):4861-4868.

[40] 何冰,刘钧霆. 金砖国家“经济-社会-生态”协调发展比较研究[D]. 沈阳:辽宁大学,2015.

[41] 迟姗,张华. 辽宁沿海经济带生态环境与经济协调发展研究[J]. 海洋开发与管理,2014(2):93-98.

[42] 张明发,王强,曾月娥. 厦门市生态环境与社会经济协调发展研究[J]. 福建师范大学学报(自然科学版),2015,31(6):99-108.

[43] 江永红,刘东萍. 安徽省资源、环境与经济协调发展综合评价[J]. 农业技术经济,2012(7):94-102.

[44] Grijac G, Balan L L, Manzuc M. The interdependence between economic growth and environmental protection [J]. METALURGIA INTERNATIONAL,2009,14(8): 140-142.

[45] Fuentes, Marcelino. Economic growth and biodiversity[J]. BIODIVERSITY AND CONSERVATION,2011,20(14):3453-3458.

[46] 刘磊,胡树华. 国内外R&D管理比较研究及对中国科技资源配置的启示[J]. 科学学研究,2000,18(1):62-66.

[47] 赵俊杰. 合理使用科技资源提高科技投入产出效率[J]. 中国科技论坛,2005(6):9-23.

[48] 吴伟强. 经济与科技协调发展的评价指标[J]. 浙江学刊,2007(1):184-187.

[49] 孙喜杰. 科技与经济协调增长的指数规律分析——兼论科技规模“指数增长”佯谬[J]. 科学学研究,2012,30(6):813-819.

[50] 袁园,颜佳华. 湖南省促进低碳经济发展的科技政策创新研究[D]. 湘潭:湘潭大学,2012.

[51] 韩斌,孔继军. 科技创新与云南低碳发展的再思考[J]. 中国人口·资源与环境,2014,24(3):24-26.

[52] Zhong W, Yuan W, Li S X, et al. The performance evaluation of regional R&D investments in China: An application of DEA based on the first official China economic census data[J]. Omega, 2011, 39(4):447-455.

[53] Wang H L, Liang L, Cook W D. Measuring Efficiency with Products, By-Products and Parent-Offspring Relations: A Conditional Two-Stage DEA Model[J]. OMEGA-INTERNATIONAL JOURNAL OF MANAGEMENT SCIENCE,2017,68:95-104.

[54] WangBei, Liu Wei-dong,Zhang Jian-bo. Evaluation on the Efficiency for the Allocation of Science and Technology Resources in China Based on DEA Model [J]. Advances in Intelligent and Soft Computing,2012,138:125-140.

[55] Chen C P, Hu J L, Yang C H. Produce patents or journal articles? A cross-country comparison of R&D productivity change [J]. SCIENTOMETRICS,2013,94(3):833-849.

[56] LuWen-Min,Kweh, Qian Long,et al. Evaluating the efficiency of dual-use technology development programsfrom the R&D and socio-economic perspectives[J]. OMEGA-INTERNATIONAL JOURNAL OF MANAGEMENT SCIENCE,2016,62:82-92.

[57] 彭诚,郑长德. 基于决策偏好两阶段网络 DEA 的我国科技投入效率研究[J]. 科技进步与对策,2014,31(8):125-129.

[58] 徐巧玲. 区域科技资源配置效率的实证分析[J]. 统计与决策,2014(17):95-98.

[59] 孙绪华,陈诗波,程国强. 基于 Malmquist 指数的国有科技资源配置效率监测及其影响因素分析[J]. 中国科技论坛,2011(3):21-27.

[60] 俞立平,熊德平,武夷山. 中国地区科技效率的组合测度研究[J]. 科学学研究,2011,29(8):1141-1146.

[61] 康楠,郑循刚,母培松. 基于组合评价的我国区域科技资源配置效率研究[J]. 华中科技大学学报,2009,2(6):79-83.

[62] Lee S K, Mogi G, Hui K S. A fuzzy analytic hierarchy process (AHP)/data envelopment analysis (DEA) hybrid model for efficiently allocating energy R&D resources: In the case of energy technologies against high oil prices[J]. Renewable & Sustainable Energy Reviews, 2013, 21:347-355.

[63] Lee H, Parka Y. Comparative evaluation of performance of national R&D programs with heterogeneous objectives: A DEA approach[J]. European Journal of Operational Research, 2009, 196(3):847-855.

[64] 李艳,曾珍香,武优西,等. 经济-环境系统协调发展评价方法研究及应用[J]. 系统工程理论与实践,2003(5):54-58.

[65] 王爱苓,严永路,尹崧,等. 经济、社会、资源、环境复合系统协调发展研究——以保定市为例[J]. 中国农学通报,2012,28(23):171-176.

[66] 张守魁,曹钢. 基于 DEA 的我国西部省份科技与经济协调发展研究[J]. 科技进步与对策,2006(1):64-66.

[67] 孙见荆. 科技、经济和社会协调发展模型研究[J]. 中国管理科学,1996(2):13-18.

[68] 陈端吕,彭保发,熊建新. 环洞庭湖区生态经济系统的耦合特征研究[J]. 地理科学,2013,33

(11):1338-1346.

[69] 胡彪,于立云,李建毅,等.生态文明视域下天津市经济-资源-环境系统协调发展研究[J].干旱区资源与环境,2015,29(5):18-23.

[70] 马卫刚.科技进步环境、高新技术产业化与经济发展方式转变协调发展研究[J].工业技术经济,2016(6):10-16.

[71] 洪开荣,浣晓旭,孙倩.中部地区资源-环境-经济-社会协调发展的定量评价与比较分析[J].经济地理,2013,12:16-23.

[72] 郭江江,戚巍,缪亚军.我国科技与经济社会发展协调度的测度研究[J].中国科技论坛,2012(5):123-129.

[73] 李芳林,臧凤新,赵喜仓.江苏省环境与人口、经济的协调发展分析——基于环境安全视角[J].长江流域资源与环境,2013,22(7):832-837.

[74] 范斐,杜德斌,盛垒.长三角科技资源配置能力与城市化进程的协调耦合关系研究[J].统计与信息论坛,2013,28(7):69-75.

[75] 蒋小平.城市经济与生态环境协调发展评价指标体系的构建研究——以郑州市为例[J].中州大学学报,2012,29(2):19-23.

[76] 杨武,杨淼.中国科技创新与经济发展耦合协调度模型[J].中国科技论坛,2016(3):30-35.

[77] 李苒,曹明明,胡胜,等.县域生态环境与经济协调发展的时空演替分析[J].人文地理,2014(5):101-108.

[78] 范中启,曹明.能源-经济-环境系统可持续发展协调状态的测度与评价[J].预测,2006(4):66-70.

[79] 何宜庆,翁异静.鄱阳湖地区城市资源环境与经济协调发展评价[J].资源科学,2012,35(3):502-509.

[80] 龚新蜀,张静.新疆区域经济与生态环境协调度评价与优化[J].科技管理研究,2015,09:56-61.

[81] 刘满凤.中部地区六省科技发展与经济发展的协调性比较分析[J].科技管理研究,2010(1):74-77.

[82] Mills, Julianne H Waite, Thomas A. Economic prosperity, biodiversity conservation, and the environmental Kuznets curve[J]. ECOLOGICAL ECONOMICS, 2009, 68(7): 2087-2095.

[83] 江鑫，颜廷武.基于EKC的连片特困地区经济发展与生态环境协调关系分析——以云南省昭通市为例[J].经济社会体制比较，2016(3):31-39.